托举巨浪啸九天
潜地导弹专家
黄纬禄

石磊 主编

编委 王春河 刘登锐 张宏显 王文祥

北京出版集团
北京少年儿童出版社

图书在版编目（CIP）数据

托举巨浪啸九天：潜地导弹专家黄纬禄 / 石磊主编. 北京：北京少年儿童出版社, 2025.4. --（中国航天见证者）. -- ISBN 978-7-5301-6803-5

Ⅰ. K826.16-49

中国国家版本馆 CIP 数据核字第 2024283VV8 号

中国航天见证者

托举巨浪啸九天　潜地导弹专家黄纬禄
TUOJU JULANG XIAO JIUTIAN
QIANDI DAODAN ZHUANJIA HUANG WEILU
石磊　主编

*

北　京　出　版　集　团　出版
北　京　少　年　儿　童　出　版　社
（北京北三环中路 6 号）
邮政编码：100120

网　　址：www.bph.com.cn
北京少年儿童出版社发行
新　华　书　店　经　销
雅迪云印（天津）科技有限公司印刷

*

787 毫米×1092 毫米　　16 开本　　9.25 印张　　93 千字
2025 年 4 月第 1 版　　2025 年 4 月第 1 次印刷
ISBN 978-7-5301-6803-5
定价：35.00 元
如有印装质量问题，由本社负责调换
质量监督电话：010-58572171

目录
CONTENTS

1. 诚信家风…………003
2. 想入非非的孩子王…………006
3. 辗转奔波,寒窗苦读…………012
4. 留学之旅遭劫难…………017
5. 初见火箭,生死一线…………023
6. 艰难岁月,立志求学…………030
7. 迎接新中国…………035
8. 开启导弹研制之旅…………040

- 9 从零起步…………045
- 10 吃一堑，长一智…………050
- 11 从陆上转行水下…………058
- 12 独创三步试验法…………066
- 13 大桥投弹藏奇招…………071

- 14 失败面前的强者…………077
- 15 蛟龙出海，巨浪滔天…………084
- 16 宝典"四共同"…………092

17 瘦了自己，肥（飞）了导弹……099

18 好脾气的严苛人……105

19 幽默人生……112

20 其身正，不令而行……119

21 两情相知……124

22 假如有来生，我还搞导弹……131

链接索引 ……140
音频科普索引 ……141

黄纬禄小时候喜欢与小伙伴们玩竹蜻蜓。一群小孩子跑到野外,把各自的竹蜻蜓用双手使劲一搓,大大小小、五颜六色的竹蜻蜓争先恐后地飞到了空中。

1 诚信家风

安徽芜湖，古时地势低洼，是林草丛生的浅水湖，由于鱼虾聚集，湖畔鸠鸟繁多，古称"鸠兹"。芜湖县名始于西汉武帝元封二年（公元前109年），素有"江东名邑""吴楚名区"之美誉。明代中后期，芜湖已是著名的浆染业中心，近代成为"江南四大米市"之首。这里便是黄纬禄的故乡。

清朝中叶，黄家祖先靠手摇木船穿行在新安江、青弋江一带，以运送货物为生。靠着勤劳、诚信，黄家在方圆百里博得商家信任，生意一直不错。一日，一位熟悉的老客户专门请黄家从歙县运送一船上好的木炭到芜湖，而且预付了一半运费。很快，黄家祖先将木炭运到了芜湖。但是，几天过去了，却不见接货的人影。是接货的人家中有事，不便前来？还是忘了接货的事？他一等再等，眼看带的盘缠快花光了，但他忍饥挨饿地守着一船木炭，坚持着等人来接货。终于，一位富商的儿子带着管家和几个搬运工人朝他的木船走来，此时他已经饿得面有菜色，路都走不稳了。管家

⬆ 芜湖鸠兹老街新貌

小心地扒开木船一角的木炭——下面露出一袋一袋的银两！经过清点，分毫不少。富商的儿子和管家激动得好半天才开口，一面道谢，一面含泪说出迟迟未来接货的内情。

原来，富商要从歙县往芜湖运一大笔银钱的事走漏了风声，后来他被人抓去逼问银钱的下落，结果富商被逼致死也没有透露秘密。富商之子办完父亲的后事，心想接货时间已经过了那么久，那一船银钱八成是找不到了。怀着一线希望，他带人到河边寻找，没想到运货人不但没有动他的银钱，竟然忍饥挨饿地等着，连船上的木炭也没动一块。为了表达谢意，他拿出很多钱作为酬金，黄家祖先坚决不要，只收了应得的另一半运费就告别众人，载着新接的一单货物扬帆出发了。富商之子感激不尽，决意报答黄家。自此，凡有运货之事，他只找黄家，运费从优。不但如此，他把黄家子孙上学读书的学费也全部包揽下来。

几十年过去了，黄家子孙读书的多了，经商、为官的也多了，逐步改变了命运。黄家虽然成了殷实富有的人家，但诚信、坚忍、谦和的家风仍代代相传，赢得了乡邻的交口称赞。黄家祖先为子孙后代起名排辈时定下了8个字——"天地经纬、道德文章"。天地经纬，指天地间理所应当、无可非议的道理，也可以理解为以天地为法度，用卓越的才识经营天下，治理国政。道德文章，是指做人要有好的思想品德和渊博的学识学问。

自清朝中叶以来，芜湖黄家就是以这8个字来"排辈"，而且一代传一代地讲述这8个字的微言大义，把祖先的遗训传承下来。

2 想入非非的孩子王

清朝末年，黄家"经"字辈出了一位秀才，可能是受到了逐渐传入中华大地的西方文化的影响，偏偏他没有按祖传的辈分来取名，而是自行命名为"黄慎闻"，字"藻"。他诗词歌赋无所不能，写得一手好字，且为人忠厚，在乡里以教书为生，深得学生和家长的敬重。

1916年12月18日，黄慎闻的夫人汪淑贞生了一个男孩。给这个儿子起什么名字呢？不知黄慎闻的观念何时发生了变化，在给子女起名时，他开始严格遵照祖训，给先前降生的3个男孩分别取名为"纬祯、纬祥、纬福"，给2个女孩分别取名为"纬兰、纬芳"。此时，黄慎闻又得了一个儿子，自然欢喜，他把4个男孩排列成"祯、祥、福、禄"，因此便为这个刚出生的儿子起名为"纬禄"，字"秉之"。时逢年关，添丁进口，全家高高兴兴地度过了这个春节。

黄纬禄一天天长大，3岁的他顽皮、贪玩，对身边很多事情都充满了好奇：为什么树叶是绿的，而花是红的？为什么鸟会飞、虫会爬？为什么扔到水里的木片浮在水面，而铜钱却沉到水底……

他还喜欢与小伙伴们玩竹蜻蜓。一群小孩子跑到野外，把各自的竹蜻蜓用双手使劲一搓，大大小小、五颜六色的竹蜻蜓争先恐后地飞到了空中。他们叫喊着、欢跳着，比比谁的竹蜻蜓飞得更高。

黄纬禄仰望着漫天飞舞的竹蜻蜓，突发奇想——用它来制作飞向敌人的炸弹！他的设计方案是：把竹蜻蜓缠上橡皮筋，将若干竹蜻蜓分成两组，再把两组成直角地固定在一起。当橡皮筋松开后，竹蜻蜓开始旋转，一组垂直向上飞，另一组水平向前飞。

▶ **竹蜻蜓**

竹蜻蜓是一种中国传统的民间儿童玩具，它由两部分组成：一是竹柄；二是"翅膀"。玩时，将竹蜻蜓夹在两手之间，双手一搓，然后手一松，竹蜻蜓就会飞上天空。旋转一会儿后，才会落下来。它是中国古代一个很精妙的小发明，这种简单而神奇的玩具，曾令西方传教士惊叹不已，将其称为"中国螺旋"。20世纪30年代，德国人发明了直升机的螺旋桨，和"竹蜻蜓"的形状与原理基本一致。

在竹蜻蜓组合体下面吊上"炸药包","炸药包"的导火索上绑上香作火引子,炸弹就这样设计好了。一旦发现敌情,点燃香,放飞竹蜻蜓组合体,让这个"土飞弹"飞向敌人阵地,"轰隆"一声,敌人就全部"玩儿完"了。

黄纬禄晚年回忆起当年的"窘事",像孩童一样哈哈地笑着说:"我小时候哪像现在的儿童有那么多玩具。整天就玩那几样,玩腻了就想入非非,虽然想法很幼稚,但是却养成了自己敢想、多思的性格。"

黄纬禄6岁时,进入乡里的私塾读书。他上的第一堂课是念《三字经》,先生领读一句,十几个学生跟着诵读一句:"人之初,性本善;性相近,习相远。苟不教,性乃迁;教之道,贵以专。"黄纬禄机械地跟着读,但他根本弄不清是什么意思。按照词语的谐声,他想:"这可能是说人出(初)门了,狗(苟)不叫(教),就把它牵(迁)走了。"由于不理解语句的意思,黄纬禄觉得背诵这些课文实在是枯燥无味,于是他时常看看窗外、听听蝉鸣,结果惹得先生用竹戒尺敲着桌子,大喊:"黄纬禄,从'玉不琢,不成器'这两句开始,背十句,背错了就打手板!"出乎先生意料的是,黄纬禄顺利地背了下来,没给先生打手板的机会。先生只好把他训斥一通,要求他上课时不能东张西望。几个月后,黄纬禄不但《三字经》《千字文》《百家姓》能熟练背诵,就连篇幅较长的诗文也背得下来。但是,他对这种学习方式实在提不起兴趣,成绩也是平平。他还常常以"肚子痛"为借口,让心软的母亲替他向父亲"请假"。得到"准假",黄纬禄就和小伙伴们痛痛快快地玩上半天，实在惬意。但他"肚子痛"的次数多了，父亲黄慎闻便心知肚明，不免心中默念"朽木不可雕也，孺子不可教也"。

两年后，黄慎闻把8岁的小纬禄收到自己执教的小学，以便严加管教。

进入小学后，黄纬禄要学的课程有修身、国文、算术、手工、图画、唱歌、体操7科，他顿觉耳目一新，不但学习内容丰富多彩，这里的教学方法也比私塾灵活多了，尤其是算术课，黄纬禄喜欢到痴迷的程度，几次考试，他的算术成绩都很优秀。黄慎闻常常当着全家人的面表扬黄纬禄，说他算术题做得又快又好，哥哥姐姐们也夸这个小弟弟聪明，将来可以去当账房先生。黄纬禄却得意地说："不！我才不当账房先生，我长大了要到镇上的学校当算术老师！"全家人听了一起给他鼓掌。

小学毕业后，黄纬禄考入了芜湖芜关中学。初中物理课上，老师讲授的密度、浮力、杠杆、斜面等基本概念和相关实验课，使他对物理这门学科产生了浓厚的兴趣，他不仅更加勤于思考，还经常把所学知识变成游戏，哄几个三五岁的侄子玩耍。侄子们如果自己玩，只会打打闹闹；而拉上这位小叔叔，经常能玩出新花样。因此，黄纬禄成了名副其实的"孩子王"。

一天，他正在家里做关于浮力的物理作业，几个顽皮的侄子嘻嘻哈哈地跑来找他玩，于是他撕下一张作业纸，又到院子里捡起一块儿小石子，带着几个顽童来到水缸前。他先把小石子丢进水缸，小石子很快沉入水底。他又将那张作业纸拿到水缸上方，

> 链接

杠杆原理

古希腊科学家阿基米德从埃及农民提水用的吊杆和奴隶们撬石头用的撬棍中得到启发——借助一种杠杆可以达到省力的目的。而且他发现，从手握杠杆的地方到支点的这一段距离越长，就越省力。由此他提出了杠杆原理，即动力×动力臂＝阻力×阻力臂。

阿基米德有一句名言："给我一个支点，我就能撬起整个地球！"他真的能做到吗？阿基米德将会遇到两个难题。首先，他所用杠杆的动力臂要达到不可思议的长度；其次，假设他能在1秒钟内把60千克的重物举高1米，现在如果要把地球撬起1厘米，那么他握住杠杆的手就得移动一个不可想象的距离，用去的时间约为30万亿年！

并问几个侄子："如果我松开手，这张纸会怎样？"孩子们齐声回答："漂在水面上！"黄纬禄松开手，纸落到了水里。孩子们看着漂在水面上的纸，问道："为什么小石子会沉到水下，纸却漂在水面上呢？"黄纬禄说："这就是我今天给你们出的题目。你们自己想想，也可以回去问爸爸妈妈。过一会儿告诉我答案，答对了有奖励。"孩子们便像麻雀一样，叽叽喳喳地散去找答案了。

不久，老师在物理课上讲了杠杆原理和液压传动的知识，黄纬禄又开始动起了脑筋。他想：能不能结合杠杆原理和液压传动知识，制作一个能轻松举起重物的装置呢？于是，他自己开始设计起来：用杠杆撬动小面积的活塞，通过同一压力推动大面积的活塞，产生更大的力作用在另一个杠杆的动力臂上。就这样，将活塞与杠杆交替连接并循环下去，最终实现只用很小的力就能举起极重的物体。

黄纬禄晚年回忆起这些趣事时说："当时只学了那么一点儿知识，就想入非非，实际上是不可能实现的……那时我很贪玩，但在玩中可以学到很多知识。"

3 辗转奔波，寒窗苦读

初中快毕业时，黄纬禄把升学目标锁定在邻省江苏的扬州中学高中部。虽然扬州中学的中考录取率几乎为100∶1，要跨过这个"高门槛"很不容易，但初中三年扎实的知识积累，使黄纬禄充满了信心。

1933年夏末秋初，黄纬禄和两个同学结伴来到扬州中学应试。然而考试还没结束，他的两个同伴就提前打道回府了，因为他们感觉考题太难。看到黄纬禄的两个同学提前回家，黄纬禄父母的心里七上八下的。

黄纬禄考完全部科目后回到家乡，父母异口同声地问："考得怎样？"他不慌不忙地说："我自己觉得还可以。"尽管这样，父母还是日复一日地在焦虑不安中盼望着邮差的到来。终于，信来了，黄慎闻手里捏着信，一生沉稳的他此刻却抑制不住内心的激动，颤着声招呼黄纬禄："孩子，你被扬州中学录取了！"

➡ 高中时期的黄纬禄

　　高中三年，寒窗苦读。1936年夏天，黄纬禄在全校4000多名考生中以总分第一的成绩，被设在南京的国立中央大学录取。然而，究竟是去电机系还是数学系，却费了一番周折。原来，黄纬禄的数学考试成绩太优秀了，以至于电机系和数学系争相"抢夺"这位考生。数学试卷共7道题，每题15分。黄纬禄7道题全部答对，应得105分。而学校规定，每张试卷最高不得超过100分。阅卷老师们纷纷围拢过来，欣赏这份难得的考卷，经过一番讨论，只好给他打了100分。然而，消息不胫而走，数学系认为，这个考生的数学成绩比数学系学生的还好，今后在数学上一定会有所造就，应该到数学系来。而电机系认为，黄纬禄自己报考的志愿是电机系，理应是我们电机系的学生。两个系争来争去，最后校方来征求黄纬禄个人的意见，他犹豫再三，最终决定去电机系。

　　绿树掩映的校园，宽敞明亮的教室，藏书丰富的图书馆，扬名中外的教授、种类齐全的实验设备……这一切，使黄纬禄兴奋不已。大学一年级的课程都是数理化等基础课，黄纬禄凭借高中阶段打下的坚实基础，学起来轻松自如，他与同学们度过了愉快的一年时光。

可是不久，战争打破了校园的平静。"七七事变"后，日寇大举进犯华北大地。从1937年8月13日开始，淞沪会战爆发，不久上海失守，南京危在旦夕。8月15日至8月19日，日寇派飞机两次轰炸南京，国立中央大学的大礼堂、图书馆、实验室、办公室、学生宿舍等统统被炸，教室坍塌，大礼堂的座椅被炸得飞上了三楼，校长只能在大树下办公。师生们看着昔日的校园被炸得只剩下断壁残垣，对日寇恨得咬牙切齿。

眼看无法继续开课，9月20日，校长主持全校师生大会，宣布学校将搬迁至重庆。在周密的安排下，师生齐心协力，把几千箱图书、仪器设备等教学必需品运到长江码头并装船。10月10日，师生齐聚汉口，乘船奔赴重庆。

黄纬禄随3000多名师生、员工乘船逆长江之流西去。穿过秀丽险峻的三峡时，师生们背井离乡之情涌上心头，国破山河在，但此刻哪有好心情欣赏山水美景？黄纬禄扪心自问：泱泱大国，大好河山，竟然被一个弹丸之国欺凌，有家不能归，有书不能读，堂堂中华，何时才能强盛，自立于东方？

到达重庆后，黄纬禄得知，学校分散在山城的4个地方，他所在的电机系位于沙坪坝。进入"新学校"，一切比他想象的还要差得多。

➡ 国立中央大学重庆沙坪坝校舍

首先是住宿条件差。房舍的墙多半是由竹筋敷泥巴搭建的，再用薄瓦盖顶。宿舍里面是"大通舱"，布满由木板钉成的上下铺，100多人挤在一间屋里，空气污浊，拥挤不堪。

其次是伙食差。受战争影响，物价飞涨。抗战之初，每石大米10元，几年后，价格涨了30倍。学生食堂的主食常常是混合着稗子、稻壳的"八宝饭"，带着霉涩气味，难以下咽。副食常常是胡萝卜、大头菜、榨菜、盐水豆芽汤，很难吃到鱼和肉。

再次是环境差。重庆常年被雾气笼罩，难得见到太阳，一年四季大部分时间在潮湿中度过。夏天烈日当空，高温无风，整日汗流浃背，几乎窒息。夜里，地上老鼠出没，空中蚊虫来袭，难得睡个安稳觉。比蚊虫更可怕的是日寇飞机对重庆的轮番轰炸。空袭往往从下午开始，一直持续到深夜，因此，白天的课程经常被轰炸声打断，夜里经常要钻防空洞，同学们睡眠严重不足。

最后是学习难。由于很难买到在南京时用的英文原版教材，

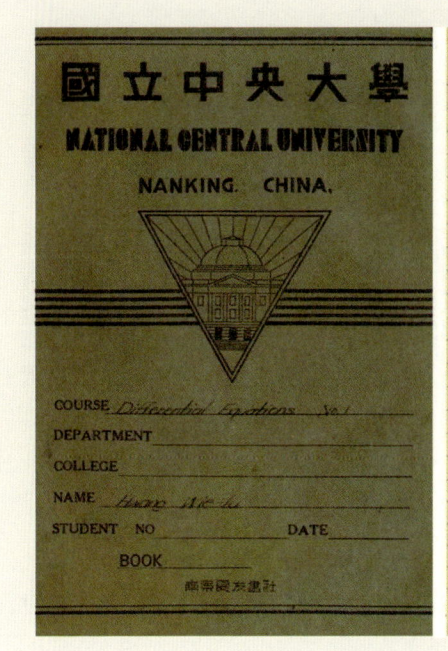

⬆ 黄纬禄在国立中央大学读书期间的学习笔记

　　黄纬禄去世后，女儿黄道群在整理父亲的遗物时，意外地发现了他在大学期间的学习笔记，写得简直与印刷的一样，公之于世后，人们啧啧称赞。

黄纬禄只好购买上一年级的同学出售的旧书，哪怕只是与电机专业沾边的课本，他也用节衣缩食积攒的钱去买。课上，老师基本上用英语讲课、用英文写板书，黄纬禄专心听讲，认真记笔记。

　　那时候上课和自习时，经常会调换教室，有的教室连电灯都没有。轮到在没有电灯的教室学习时，黄纬禄就点亮自己买的煤油灯，读书、写作业。这样艰苦的环境，这样简陋的学习条件，非但没有使黄纬禄退缩，反而更激发了他努力学习、奋发向上的意志。

4 留学之旅遭劫难

4年大学，荏苒日月。1940年8月，黄纬禄大学毕业，他被重庆无线电器材分厂聘为技术员。到工厂工作后，他亲身体验到当时我国科技和工业水平的落后，萌生了到西方发达国家学习先进科学技术的愿望。

3年后，机会终于来了。1943年初，英国工业协会计划在中国招收一些青年大学毕业生到英国的工厂去实习，招收条件是1939年至1941年期间电机系、机械系、土木系、水利系毕业且成绩优秀的大学毕业生。黄纬禄心中暗喜，他完全符合条件。黄纬禄和其他30多位来自国立中央大学、四川大学、重庆大学、国立西南联合大学等学校的毕业生踊跃报名，先由各自的学校推荐到教育部，再由教育部组织外语口试，最后确定招收名单。黄纬禄轻松地通过了一个又一个关口，被录取了。

然而，随之而来的问题是：去英国的路费怎么解决，到英国后靠什么生活。黄纬禄十分纠结。当时，日本侵略者已经占领了

⬅ 大学毕业后，在重庆无线电器材分厂工作时的黄纬禄（中）

安徽，他们全家人从安徽逃难到贵州，父亲已去世一年多，黄家家境十分贫寒。黄纬禄之前在厂里工作，工资微薄，也没有多少积蓄。家里为了支持他留学，东借西凑，总算凑够了他的路费。

1943年5月，黄纬禄和他的好朋友——黄炎培的公子黄大能同行，两人一起商量赴英国的行程。中英两国远隔万里，由于当时正值第二次世界大战（简称"二战"），所以两国根本没有直航的飞机。两人考虑再三，决定先从重庆乘飞机飞越喜马拉雅山到印度的加尔各答，然后从印度转乘轮船去英国。这是因为从18世纪中期开始，英国殖民者逐步控制了南亚次大陆，使印度成为大英帝国最重要的原料供应地。印度驶往英国的轮船较多，价格也比乘飞机便宜，而且英语是印度的官方语言，到了那里较容易与当地人沟通。

由于这是黄纬禄第一次坐飞机，他不知道飞机上提供的午餐

▶ 滞留在印度加尔各答时，黄纬禄（左二）和去英国留学的中国学生合影

是免费的，以为需要另外掏钱买，所以他一路上强忍饥饿。考虑到抵达英国后还要置办一些生活用品，所以启程时他就决定，途中要尽量节约开支。

他和黄大能到了加尔各答后，马上打听开往英国的轮船的消息。他们没有想到的是，由于战争的影响，轮船每隔很长一段时间才集中发航一次。他们在加尔各答等待的同时，四处打听是否有更便捷的路线。3个月过去了，有一天，他们终于得到一个消息：由孟买开往国外的轮船班次比较频繁，从那里乘船可能会早些到达英国。于是，两人决定立即动身前往孟买。

谁知船票并不好买，如果不用"红包"贿赂售票员，即便有票也买不到。考虑到赶路要紧，他俩只好在售票窗口递上船票钱的同时，忍痛夹裹一个"红包"，这可是他们省吃俭用攒下来的钱呀。就这样，他们好不容易才买到了两张船票。

⬆ 防空气球

然而,战争风云瞬息万变,他们乘船经过的很多地方都是军事要地,商船必须靠军舰护航,所以出发的时间一拖再拖。

黄纬禄与黄大能在孟买等啊等,各轮船公司共集合了50多艘商船,终于在军舰的护送下鸣笛启航。

黄纬禄他们登上轮船,安顿好行李后,便想去甲板上透透气、看看大海。可抬头一看,一幕奇怪的场景让他们瞠目结舌:50多艘轮船,每艘船的上空都高高地升起一排排大气球,下面吊着一道道钢缆。经询问,船员告诉他们:德军飞机随时可能来轰炸商船,而且是低空俯冲投弹。气球吊起的钢缆可起到防卫作用,德军飞机如果低空俯冲,撞到钢缆上就会机毁人亡。听罢,黄纬禄他们

➡ 初到英国的黄纬禄

的心一下子提到了嗓子眼儿，惶恐不安地仰头环视轮船上空，然后赶紧返回船舱。到了晚上，船上实行灯火管制，甲板上不允许有任何光亮，即便在舱内开灯，也要用黑布窗帘将窗户遮得严严实实。曾有一位乘客在甲板上抽烟，被船员厉声喝止。据说，即使是一点儿小小的火光，在夜间也很容易被盘旋在大海上空的敌机发现。

在船舱里安然度过了一夜。第二天一早，船员给每位乘客发了一套救生衣，并组织大家进行逃生演习。船员告诉大家，一旦遇到敌机轰炸等紧急情况，乘客要立刻穿上救生衣，跳入海中逃生。救生衣上别着一只特制的电筒，夜晚只要打开电筒，就会发出红色的灯光，以便于救援人员寻找信号，实施救援。每套救生衣的口袋里还放有几块巧克力,这是供乘客逃生后短时间内维持体力的。

在大海上航行了几天后,危险的情况出现了。有一天,护航军舰紧急报告:发现德国人的潜艇!消息迅速传遍此行的50多艘商船。黄纬禄和大家一样紧急穿好救生衣,跑到甲板上,准备一旦遭到德国潜艇的攻击,就赶快跳到大海里逃命。值得庆幸的是,护航军舰很快侦察到潜艇的准确位置,迅速投放了深水炸弹。伴随着一阵沉闷的爆炸声,黄纬禄看到远处的海面浮起一片片黑白相间的漂浮物。船员们立刻示意旅客们不要大声喧哗,赶快回到船舱去!后来得知,那艘德国潜艇的确是被深水炸弹摧毁了。黄纬禄暗自庆幸,与这次凶险的劫难擦身而过。

两个月过去了,船队有惊无险地驶过广阔的印度洋,穿过狭长的地中海,终于在11月到达英国,停靠在利物浦码头。黄纬禄掐指一算,从5月份离开重庆,辗转印度,等待轮船,最后到达英国,这趟赴英之旅竟然历时半年!

5 初见火箭，生死一线

1943年11月，在中国驻英使馆人员的安排下，黄纬禄转乘火车到达英国首都伦敦，他租住在一位和善的英国老太太家里，与另外3位中国室友合住两个房间。这3位室友是先前来到英国的技术人员，其中一位还是国立中央大学电机系的毕业生。他乡遇故人，分外亲切，大家很快聊了起来。

3位室友提到，由于这里经常遭遇德军飞机袭击，每家都有"防空工事"，他们还带黄纬禄来到房东家后院，这里有一间面积不大但很坚固的小屋。室友说，一旦空袭警报拉响，就赶快跑进这间小屋，只要炸弹不落在屋顶，这里就还是安全的。话音未落，刺耳的空袭警报就响了起来，一群飞机模样的怪物"嗡嗡"怪叫着向远处坠落，随即爆炸声响起，烟雾弥漫，4个人迅速躲进了小屋。

在德军对英国频繁的空袭中，黄纬禄开始了在几家公司轮流实习的紧张生活。第一家是伦敦标准电话电缆公司。他被安排在

◀ 黄纬禄（左二）和同学在英国留影

加工车间学习车、铣、刨、磨4种基本工艺，平均每个机床实习1~2个星期。不满足于完成基本指标的黄纬禄，每当做完手中的工作，就跑到工具室学习设计一些工模夹具。他认为仅仅在加工车间实习，掌握某一种工艺技巧是不够的，还要站在更高的层次上了解英国工厂的生产流程和经营管理模式。于是，一有闲暇，黄纬禄就到工厂各处走走看看，了解各方面的情况，比如公司的组织架构，各部门的职能，产品的设计、工艺、生产、检验流程等，同时摘录一些资料。他想，出国学习的机会来之不易，自己要尽量多学一点儿，毕竟"艺多不压身"嘛。

这天，黄纬禄像往常一样去上班，公司距离他的住处12英里（约19千米），乘地铁往返很便捷。按公司规定，外国实习生可以比英国员工晚半个小时上班，因此黄纬禄不紧不慢地从地铁口出来向公司走去。到了公司，却见工人们慌慌张张地进进出出，熟悉的车间已经变成了一堆冒烟的瓦砾，还有人在低声哭泣。他连忙问一位熟悉的员工出了什么事，那位员工告诉他："你平时工作的那个车间刚才被炸了，公司已经通知今天不上班了，你快回去吧。"原来就在他乘地铁时，德国发射的一枚V-1火箭在离他工作的车间5米处爆炸，5位同事中有4位当场被炸死，另一位送到医院后抢救无效，也死在了手术室。虽然自己幸免于难，但是5位同事的逝去，让他对法西斯的不义之战愈加憎恨。

黄纬禄在伦敦标准电话电缆公司实习一个多月后，又被派往地处剑桥的马可尼公司，实习的内容主要是熟悉电器电路，进行电视机的检修。在此之前，他从没接触过电视机，对这个领域完全不了解。于是他借助说明书，又虚心向英国同事请教，很快就掌握了检查和修理的技术。仓库里堆放的一台台蒙了灰尘的电视机，经过他的细心检测和修理，再次闪动图像、发出声音，对此他感到非常有趣，心想："要是我们也有电视机，在家里就可以看到黄梅戏，那该多好啊！"

好像冥冥中注定，黄纬禄要与火箭结缘，在实习期间，他又一次体验了火箭的威力。那天，

⬆ 黄纬禄在英国工厂的车间里实习

他正要从二楼的寝室里出来,忽然听到"轰隆"一声巨响,门窗随之强烈震动起来。透过窗户,他看到不远处的上空冒出了一个大火球,显然,普通炸弹没有这么大的威力。他想,是不是德国还有比 V-1 火箭更厉害的家伙?第二天,伦敦各种媒体的报道证实了他的猜测:昨天,德军又向伦敦发射了几十枚 V-2 火箭,市区和郊区死伤近百人。

V-2 火箭确实比 V-1 火箭更厉害,更可怕。几次亲历爆炸,黄纬禄开始对火箭产生了兴趣——一个十几吨重的"大家伙"居然能够飞过英吉利海峡,并且产生这么大的杀伤力,真是不可思议,如果能近距离地看看它,研究一下就好了。

▼ 德国 V-2 火箭

 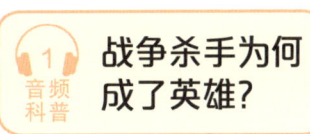

1 战争杀手为何成了英雄?

德国战败后,黄纬禄的愿望实现了。伦敦博物馆不知从哪里运来一枚完整的V-2火箭,面向大众公开展出。黄纬禄排在长长的参观队伍里,花了很长时间才走到近前。只见一个墨绿色的"大家伙"矗立在展厅中央,为避免观众触碰,四周拉起了绳子。只听讲解员说道:"这是一种弹道火箭,长14米,直径1.65米,靠液体燃料发动机推进。点火之后按预定程序飞行,达到最高点后发动机熄火,火箭沿抛物线轨迹下落,击中目标。因为制导系统精度有限,落点误差较大……"

黄纬禄找到一个不妨碍别人,又能清楚地观察火箭的位置,认真地听着解说,他边听边思考:如果有一天我的国家也能造出这样的"大家伙"该多好,那就不怕日军在中华大地上横行霸道了!

1945年8月,黄纬禄正式开始在伦敦大学帝国学院电机系攻读无线电专业硕士学位。

6 艰难岁月，立志求学

两年的实习生活很快要结束了，黄纬禄觉得虽然在这里见识了一些欧洲的先进设备，掌握了一些新技术，但仅靠这些回国工作，充其量只能当个订购英国货的"洋买办"。况且费时半年，冒死远赴异国，如果不更多地掌握一些高科技知识，实在心有不甘。

于是黄纬禄与其他4位同事决定推迟回国时间，他们计划报考一所英国大学，继续深造。

经过对几所大学的考察，他们认为伦敦大学帝国学院比较理想。这所学校有雄厚的综合实力，教学和科研成果扬名世界，而且有强大的师资队伍，曾培养出多名诺贝尔奖获得者。该校的电机系不但与黄纬禄所学的专业对口，而且该系的主任弗蒂斯库教授是世界闻名的电机专家，他从1922年起一直在该系任教，长期致力于无线电工程方面的研究与教学，尤其在无线电高频电路设计和高频测量方面成就斐然。由于他在无线电领域和在教育界的知名度，许多国家的优秀学子纷纷投到他的门下。

黄纬禄下定决心，拜弗蒂斯库为师。

于是，他和同事以留在英国读大学为由，向英国工业协会申请暂不回国。英国工业协会同意继续向他们提供一年的津贴，但是一年之后所有的生活、学习费用，包括将来回国的旅费都要他们自理。达成协议后，黄纬禄和其他4位同事终于在1945年被伦敦大学帝国学院录取。他们有的学水利，有的学结构，而黄纬禄

⬆ 在英国学习时的黄纬禄

则找到弗蒂斯库教授，申请到电机系无线电专业学习。弗蒂斯库看到他在校时的优异成绩和在英国实习时的良好表现，欣然接受了他。

1945年8月，黄纬禄正式开始在伦敦大学帝国学院电机系攻读无线电专业硕士学位。两年时间里，在弗蒂斯库的指导下，他系统地攻读了"电场电路理论""电能传输与电子学""电气工程"等十余门课程，并且进行了大量的相关实验。这些学习使他的理论水平、设计能力和动手解决具体问题的能力大幅提高。遗憾的是，弗蒂斯库教授在黄纬禄的学业还没完成时就退休了。

在失去弗蒂斯库教授的直接指导的同时，英国工业协会停发了津贴，黄纬禄只能靠平日里省吃俭用攒下来的积蓄，支付学费、

➡ 1945年,黄纬禄(左)与同学黄大能漫步在伦敦大学帝国学院附近的海德公园

伦敦大学帝国学院又称帝国理工学院,1907年建立,现为公立研究型大学。主校区位于伦敦著名的富人区南肯辛顿,紧邻海德公园、肯辛顿宫,与白金汉宫相距不远。该校具有世界顶尖的科研水平、师资力量和经济实力,与麻省理工学院、加州理工学院、苏黎世联邦理工学院并称世界四大理工学院。

房租和日常开销。处在二战旋涡中的伦敦,物资匮乏,物价飞涨,黄纬禄等留学生和英国居民一样,每月由政府配给少量食品(包括一个鸡蛋,当时这是最宝贵的营养品了)。伦敦的很多食品依靠进口,价格很贵,比如一英镑只能买一磅葡萄,价格是当时国内的5~10倍,黄纬禄根本舍不得吃水果。除了吃饭和交房租,他严格控制着生活开支,因为就在3个月前,他刚刚遭遇了小偷。

那是1945年5月8日,法西斯德国无条件投降。这一天,伦敦全城成了欢乐的海洋,海德公园、市中心广场、街头草坪乃至大街小巷都在举行庆祝活动。黄纬禄他们也高兴地走上大街,随着欢欣鼓舞的人群前往闹市区。一路上,有人挥舞彩旗,有人举

▶ 黄纬禄（后排左二）在英国和同学的合影

起庆祝胜利的标语，有人吹起风笛，真是热闹非凡、拥挤不堪，黄纬禄和伙伴们几次被挤散。忽然，黄纬禄被人重重地撞了一下，险些跌倒。他挣扎着站稳，扯了扯衣角，下意识地摸摸衣兜——不好，钱包不见了！虽然钱不多，但政府发放的战时购物券都在里面，接下来的日子怎么过呢？要知道，那时候物资奇缺，日常用品都由政府配给，凭购物券购买。丢失的购物券都是自己平时省吃俭用积攒下来的，这下全部丢失了，真是屋漏偏逢连夜雨！回到住所，黄纬禄愁眉苦脸，唉声叹气。这情景被一直关心他的房东太太发现了。老太太安慰他不要着急，告诉他可以向政府报告情况，申请补发。黄纬禄赶紧写了一份申请报告，幸好补发的购物券很快拿到了，虽然抵不上丢失的，但最急需的物品可以解决了。

到第二年下半学期,黄纬禄的生活压力越来越大,他只好通过熟人找到一些打字、翻译的工作,还经常挑灯夜战,有时从傍晚干到黎明。

半年后,黄纬禄以《脉冲调制在通信电路中的应用》为题,完成了他的硕士论文,顺利从伦敦大学帝国学院毕业。

获得硕士学位后,他牢记出国留学的初衷,决定立即回到魂牵梦萦的祖国。他谢绝了导师、房东一家和同学、同事的挽留,登上了归国的轮船。

1947年初秋,阔别家乡4年之久的黄纬禄,踏上了祖国的黄土地。

7 迎接新中国

凭借着在英国的实习经验、无线电专业研究生的学历以及极好的英文读写水平，黄纬禄学成回国后，很多公司和机构对他发出邀请。

可是，黄纬禄却高兴不起来。离别祖国4年之后，上海的阳光依旧灿烂，老百姓却整日忧心忡忡。由于国共和谈彻底破裂，爆发战争的小道消息不胫而走，搞得人心惶惶，物价飞涨。邻家主妇抱怨：前一年每个月还能买5石大米的钱，到这一年只能买4石大米了。

1947年10月的一个黄昏，晚风带着桂花的香气徐徐吹过上海的溧阳路，飘进刚刚回国的黄纬禄借住的小屋。他紧锁眉头，视线始终没有离开桌上放着的两份聘书：一份聘任他做"国立中央大学电机系副教授"，另一份聘任他做"中央资源委员会无线电公司研究员"。前者是来自黄纬禄恩师陈章教授的真诚聘请，这也将是一份轻松舒适、收入丰厚的工作。然而，工业救国的理想

◀ 刚回国时的黄纬禄

还是使他决定接受中央资源委员会无线电公司的聘书,走上研究无线电的道路。

抗日战争胜利后,过去位于重庆的无线电器材总厂搬到了上海,后来成立了无线电公司,黄纬禄就在那里的无线电研究所上班。

每天,他早早起来,和新婚妻子刘汉菊一起吃早饭,然后蹬上新买的自行车去单位。丁零零……一阵自行车铃声响过,黄纬禄总是很早就来到工作单位。在无线电研究所工作的头一年,黄纬禄全力以赴地投入到工作中,负责发报机和无线电等方面的具体工作。1948年10月,黄纬禄发表了题为《两报叠传新制双工发报机制度》的论文,这篇论文后来在工程学界的重要大会——中国工程师学会上,由无线电专家蔡金涛先生,也就是当时无线电研究所的所长代为宣读。1948年冬天,无线电研究所推出了

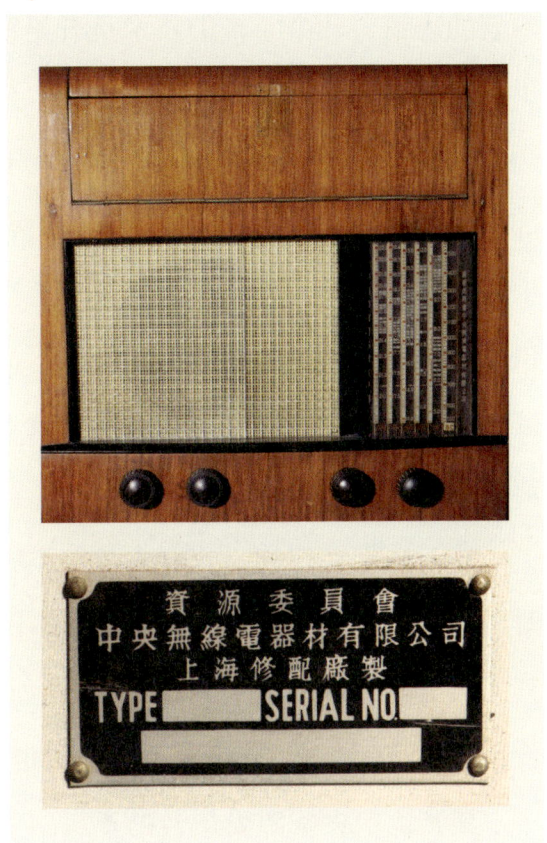

▶ "资源牌"收唱两用机
▶ "资源牌"收唱两用机厂标

自主研发的新产品:"资源牌"八灯电子管高档收音机、交流稳压器和自动换片的收唱两用机。黄纬禄和其他研究人员都为初战告捷而感到无比兴奋,大家摩拳擦掌,希望能多研制一些无线电产品。

嗒嗒嗒……一阵杂乱的皮鞋声在无线电研究所的楼道里响起,刚刚还有人在热烈讨论的办公室里,顿时变得鸦雀无声,正在仔细研究图纸的黄纬禄和同事们不由得皱起眉头,不少人脸上露出不满的表情。几个年轻的技术员开始窃窃私语："他们怎么又来了！"

这些人来自国民党政府，他们在退守台湾前深入各个重工业部门、大学和研究院所，动员人们去台湾。蒋介石亲自下令，将中央资源委员会的工厂设备拆迁至台湾，并要求3万多名高级知识分子和技术人员一起去。局势的迅速变化让这些官员们心急火燎、焦躁烦乱，他们几乎每隔几天就上门，一遍遍动员全所人员前往台湾。

面对反复光临的"政府大员"，所里领导表示，要求搬迁的时间太仓促了，无法在台湾建立基本的研究条件。黄纬禄和所里其他人员则主要从技术方面考虑，他们认为上海基本具备研究条件，且已经有了一些研究成果，所以也不希望迁走。

其实，中央资源委员会的正、副委员长钱昌照、孙越崎、吴兆洪早已与中国共产党取得联系，准备迎接上海解放。特别是孙越崎，他在地下党的帮助下，冒着生命危险，想方设法拒绝执行蒋介石下达的拆迁中央资源委员会所属工厂设备去台湾的命令。当时黄纬禄并不知道这些，他对共产党和国民党也都不是很了解。只记得小时候，国民党的军队每到一地，都要住好的房子，并在房间里赌钱、胡闹，搞得人不得安宁。

这段时间，黄纬禄经常收到一些老同学的来信。他们不约而同地讲到，共产党在东北解放区重视发展科学，重视科技人才……透过几张薄薄的信纸，黄纬禄似乎看到了自己曾经在英国梦想过的那个中国：百姓能够安居乐业，工程师能够全力以科技报国……

▶ 在通信兵部电信技术研究所工作的黄纬禄

尽管当时形势复杂，局面混乱，他最后还是相信自己的判断，毅然做出人生道路上重大的选择——留在上海，迎接新中国。

1949年5月27日，上海郊外的炮声停了下来，被国民党京沪杭警备总司令汤恩伯誉为"铜墙铁壁"的上海被人民解放军攻克——上海解放了！

黄纬禄庆幸自己的正确选择，和大多数跃跃欲试的知识分子一样，他满腔的爱国热情被充分激发起来，心中复兴国家的愿望越发强烈。

新中国成立后，黄纬禄进入重工业部电信局电工研究所任研究员。3年后，他所在的研究所和邮电部的另一个研究所合并，成立了通信兵部电信技术研究所。此后，黄纬禄的工作地点也发生了变化，他举家从上海迁往北京，开始了新的研究工作。

8 开启导弹研制之旅

1956年10月8日，北京秋高气爽。在聂荣臻元帅的主持下，在西郊北京军区空军466医院的食堂里，由钱学森任院长的中国第一个导弹研究机构——国防部第五研究院（简称"国防部五院"）正式成立。这一天，被认为是新中国航天事业奠基的日子。

国防部五院成立伊始，除了钱学森外，国内还没有什么人接触过导弹。于是国家决定把一些从事科技工作时间较长、工作内容和导弹技术有关联的人员调入国防部五院。黄纬禄所在的通信兵部电信技术研究所有十几位技术人员被抽调过去，而黄纬禄由于还不是中国共产党党员，没能进入抽调人员名单。大家都把这次抽调看作是党和人民给予的信任与重托，因此当黄纬禄得知自己未能入选时，他深感失落。直到多年后，黄纬禄对朋友谈起当时失望的心情时，他眼睛里含着羞涩的笑意，把手凑到自己的嘴边，像说悄悄话一样："我有点儿吃醋。"

其实这种带着苦味的醋意由来已久。那是1956年，初春的北京，寒意尚未消退，枝头上的嫩芽却已迫不及待地要打破一个漫长冬季的沉静，纷纷探出小脑袋来。伴着和煦怡人的春风，黄纬禄第一次走进了中南海。

这一天，中南海怀仁堂里会集了新中国海、陆、空三军的诸多高级将领，多数人是中将以上的军衔，很多大将、上将也都来了。除了高级将领外，中央军委还给各大科研机构分配了少量的参会名额，黄纬禄作为通信兵部电信技术研究所的代表，被安排和这些功勋卓著的将领们坐到一起。如此众多的将军在此聚首，并不是参加军事会议，而是来听一位科学家的报告。

众人落座后，主持会议的陈赓大将做了一个简短的发言，大家这才知道今天做报告的人大有来头：他36岁就成为美国麻省理工学院当时最年轻的教授；在美国从事了十几年的应用力学和导弹研究，并参与了美国战时军事科研项目；美国国防部官员认为他在哪儿都能抵得上5个师，因此他为了回国备受磨难，在长达5年的时间里受到软禁。他，就是几个月前刚从大洋彼岸辗转回国的钱学森。这是黄纬禄第一次见到钱学森，虽然和钱学森隔着好几排座位，但是当这位个头不高的中年人走上讲台时，黄纬禄不由得回想起自己刚从英国归来，双脚踏上祖国土地的感觉，他认为自己的心与钱学森是相通的。

在报告中，钱学森介绍了导弹的概况、导弹在国防中发挥的重要作用，以及美国导弹的研制现状。他建议中国要尽快着手研制导弹和原子弹，建立起以"两弹"为主体的国防体系。钱学森的提议触动了在座的高级将领，他们很清楚当时的国际局势，拥有核武器的美国时常向中国政府挥舞"核战争"的大棒,企图以此威胁中国的国土安全与和平统一。倘若没有先进的尖端武器,单纯依靠常规的枪炮,中国军队如何守卫960万平方千米的国土和万里海疆?

但是在短时间内造出"两弹",能办得到吗?有些将领产生了疑虑。

"我们中国人并不比外国人笨,外国人能搞出来的东西,我们中国人也一定能搞出来!"钱学森的话给了在场所有人一个坚定而响亮的回答,赢得了现场一阵热烈的掌声。

同样是年届不惑的科研人员,同样从海外回到新生的祖国,同样心怀一份赤诚的报国之心,钱学森的话道出了黄纬禄的心声。

▼ 1956年,黄纬禄(前排左一)参加国家"十二年科学规划"时与同事合影

▶ 被授予上校军衔的黄纬禄

他无法按捺心中的激动："在如此重大的事业中，我一定要为国家做点儿什么。"回视身旁的诸位将军，一种难以名状的愧疚感在黄纬禄的心里油然而生。"为了一个新生的中国，他们出生入死，把青春和热血都献给了国家与人民。而我呢？我有什么资格和他们坐在一起？"在此后的日子里，黄纬禄的内心深处一直揣着这份愧疚感，即便为祖国做得再多，做得再好，他也总觉得还不够，并时时提醒自己："我还能做得更多，做得更好吗？"

不过，很快他的醋意就被打消了。1957年11月，国防部五院为加强导弹研制力量，决定以院机关为基础组成总院，以下属10个研究室中的六、七、八、九、十室为基础，组成一分院，负责各类导弹总体设计和弹体、发动机的研制；以十一、十二、十三、十四、十五室和中国人民解放军通信兵部军事电子科学院（简称"军事电子科学院"，黄纬禄所在的通信兵部电信技术研究所并入该院）为基础，组成二分院，负责各类导弹控制系统的研制。该方案很快得到了批准。

  1957年11月16日，二分院正式成立。由于二分院属于部队编制，所有的技术人员随之加入中国人民解放军。12月，黄纬禄随同军事电子科学院的人员调入二分院，并被授予上校军衔。

  这是一个新的起点！黄纬禄从此踏上了梦寐以求的导弹研制征程，开始了长达半个世纪的导弹研制之旅。

9 从零起步

二分院成立后不久,院里就流传着一句激励人心的口号:"生在永定路,死在八宝山。"如今听起来或许有些悲壮,但在当年却道出了从零起步的航天人的誓言与决心。

这永定路和八宝山是怎么回事呢?

原来北京西郊有一个赫赫有名的地方——八宝山,它是北京西山山前平原上的孤立残丘,高约130米,山势低缓,因附近出产耐火土、白土、灰石、红土、青灰、坩土、黄姜、砂石8种建筑材料,故被称为"八宝山"。自打明朝永乐初年,司礼监太监"刚铁"之墓修于此,以后这里便成为明清两朝高级宦官年老离宫后的养老送终之地。也许是风水不错,这一片坟茔遍布,现存的地名就有:杨家坟、孟家坟、包家坟、黄家坟、铁家坟等。新中国成立后,北京市人民政府在此建立了八宝山革命公墓。

在通往八宝山的必经之路的西边,有一段称为永定路,距离八宝山仅有几千米。黄纬禄的单位正在这条路上。1957年,破旧低矮的老房子错落凌乱地挤占着狭窄的街道，牲口拉着车子在凹凸不平的马路上碾过，不时扬起呛人的尘土。每日路过这里的人，不经意间会发现老院落最近有了诸多变化——原本属于财经学校的大院子，门口忽然多了站岗的军人，总有新面孔在大门口进进出出，忙碌的身影不断穿梭于老房子的门前屋后。普通老百姓或多或少能猜到，入驻院子的应该是部队单位，但是他们猜不出这些斯文瘦弱、身着军装、走起路来却不像军人的人是做什么的。只有知晓内情的人才明白这些人的使命。老院子戒备森严，出入时检查证件。大院内的事情，工作人员上不告父母，下不告妻儿——这完全是迫于当时国外间谍不断窃取军事机密的形势。这里便是国防部五院二分院。

"我们因陋就简，在这些破旧的房子里成立了好几个研究室。有搞陀螺仪的，有搞无线电指挥的，有搞控制系统的。"黄纬禄作为导弹控制系统组的组长，除了要参与建院初期的各项筹划工作外，还要带领一群刚从学校毕业，毫无导弹基础知识的大学生在一个完全陌生的领域里闯出一片天地来。

对于导弹控制技术，黄纬禄自己也需要从入门学起，他回忆："建院初期，有一些同志大学还没有毕业就提前过来参加工作了，大家对导弹控制系统的工作都不太熟悉，在技术上谁也领导不了谁，大家在一块儿都是边干边学。"导弹与炮弹最大的区别就是前者具有控制系统——它好比导弹的大脑和神经中枢，精确地控制着导弹的飞行姿态，使之按预定的轨道稳定飞行，打击预定的目标。"飞得稳，打得准，主要靠控制系统"，正是深知

▶ 苏联援助的导弹

控制系统的重要性，黄纬禄很清楚自己肩负的责任。

1956年12月，苏联援助的2枚P-1导弹从中苏边境的满洲里倒换了好几次车厢，最后秘密地运到了北京。由于一时找不到大厂房，大家只好给导弹搭起了一个大席棚。据钱学森院长介绍，P-1导弹实际上是苏联缴获的德国在二战时期研制的V-2火箭。尽管导弹的图纸、资料尚未送到，但是国防部五院的技术人员已经等不及了，他们想剖开这个庞然大物一探究竟，毕竟大家都是第一次见到导弹。

中国的导弹研制是从仿制起步的。在钱学森院长的带领下，对导弹一无所知的航天人，先从拆卸P-1导弹入手，了解导弹的基本结构。大家小心翼翼地把弹体、发动机以及每一颗螺钉、每一个垫圈都拆下来，仔细做好记号后再拿去测量并绘制成图。所有参加这项工作的技术人员都热情高涨，没日没夜地忙了半年之

齐心协力，仿制 P-2 导弹

"打开 P-2 导弹的控制系统一看，我发现这和研究无线电、收音机、发报机的原理是一样的，不像想象中的那么复杂，所以我们就照猫画虎做出来一些模型。"黄纬禄说。

久，初步学到了一些导弹的基础知识。到 1957 年 12 月，苏联援助的新型 P-2 导弹也运到了北京，它的性能比 P-1 导弹稍先进一些。

眼前的 P-2 导弹，使黄纬禄不禁回忆起在伦敦博物馆参观 V-2 火箭时的情景，他脑海中对 V-2 火箭的印象由模糊逐渐变得清晰起来。黄纬禄思索着 P-2 导弹与 V-2 火箭在控制技术上的关联，试图摸清这两个型号之间的异同。他知道自己的团队要像初学写生的画童一样，照葫芦画瓢，一板一眼地模仿。向前迈进的每一步，都要脚踏实地才行。

在仿制导弹的过程中，前来援助的苏联专家给予了莫大的帮助，但在技术上他们却严格保密，许多设计原理和要领都是点到为止，绝不深入传授。

黄纬禄深知硬骨头还得靠自己一块一块地去啃。除了认真学习苏联援助的资料外，他利用一切可利用的时间，自学与导弹相关的知识，如自动控制、惯性器件和液压机构等。他坚定地认为："无论什么工作，只要去干、去学，总是可以成功的。就像爬山，虽然在山下时看着山顶那么高，但不要被吓住，只要一个台阶一个台阶地向上爬，就会离山顶近一步，更近一步。只要坚持不懈地往上爬，最后总是可以到达山顶的。"他幽默地把这比作"愚公爬山"。

为了守护来之不易的新中国，科研人员竭尽所能地坚守在自己的岗位上。白天，他们翻阅资料、学习讨论；夜晚，灰暗破旧的小楼里，几乎每个房间都彻夜亮着灯光，加班加点地学习和工作成了大伙的家常便饭。领导经常把大家撵回去休息，可是等领导一走，大伙又折回来继续学习和工作。

研制导弹时，正赶上国家处于"三年困难时期"。粮、油、蔬菜和副食品极度缺乏，饥饿使许多科研人员和城乡居民一样患上了浮肿病，有人正画着图时就晕倒了。整日吃不饱的黄纬禄发明了"抗饿新疗法"——肚子饿得咕咕叫的时候，就把皮带向里勒紧一个扣，实在难熬时，就冲一点酱油汤充饥……

他和同事付出了超乎寻常的心血与精力，新中国的导弹事业逐步取得了神话一样不可思议的巨大进步，一个震惊世界的全新篇章正在被谱写。

10 吃一堑，长一智

丁零零……电话机发出一串急促的响声，大家的心突突地跳动着，所有人的目光齐刷刷地投向接电话的黄纬禄。

1962年3月21日，研制人员在仿制苏制导弹的基础上改进设计的中近程导弹——"东风二号"导弹发射了。黄纬禄没有去发射场，他在北京实施"技术保驾"。

"失败了！"黄纬禄紧蹙着眉头放下电话，整个屋子的空气仿佛在瞬间凝固了。

"发射几秒钟后，导弹出现了较大的摆动和滚动，不久发动机起火，21秒时导弹失控；69秒后，导弹毁于发射台前68米处。"担任该型号副总设计师和控制系统主任设计师的黄纬禄沉痛地向大家转达了前方传来的消息。

在这段日子里，黄纬禄每天早出晚归，连续几天吃不下饭，情绪有些低落。回到家也很少顾得上和家人说说话、聊聊天，妻子刘汉菊和孩子们不知道出了什么事，只觉得他心事重重、疲惫

▶ 工作现场，黄纬禄在倾听与思考

不堪。刘汉菊经常看见他深夜还在翻阅资料。黄纬禄的女儿说，当时只知道爸爸是搞科研工作的，至于具体做什么，她和母亲都不清楚。

"东风二号"导弹发射失败的第二天，国防部五院的两位负责人王秉璋和钱学森就乘专机赶赴发射现场。与此同时，各个分系统研究室的负责人都把技术人员召集起来，组织成立了故障分析小组，先从各自负责的分系统开始查找原因。仅在1962年的5月、6月召开的全系统故障分析会就有9次，先后提出了动力装置的可靠性、控制系统的稳定性、弹体的强度及增加安全自毁装置等设计上需要解决的问题。故障排查工作进展得很顺利，很快就有了结论。

2 齐步走为什么把一座桥走塌了？

音频科普

黄纬禄分析道："'东风二号'导弹为什么会发射失败呢？就是因为它要打的距离比我们以前搞的'东风一号'导弹远，所以导弹用来装推进剂的贮箱要大一点儿，推进剂要多装一点儿。要想箱子大一点儿，我们采取的办法是导弹的直径不变，长度加长。而长度增加，导弹就会产生'扁担效应'——就像挑扁担，走起路来，扁担有点儿上下颤悠。导弹在飞行中会产生振动，我们称之为弹体的弹性振动。发射'东风一号'导弹时这个问题不明显，所以设计'东风二号'导弹时也没有考虑这个问题。弹性振动导致了两个恶果：一是弹体结构受到破坏；二是振动频率与控制系

> **链接** 共振
>
> 　　宇宙中大到行星，小到原子，几乎都能以一个或多个固有频率来振动。如果一个物体在特定频率和波长下，遇到具有同样的频率和波长的另一个物体，就会发生更大振幅的振动，这种现象称为共振。
> 　　共振是十分普遍的自然现象，在桥梁、码头等各种建筑，以及飞机、汽车、轮船等交通工具的设计、制造中，都必须尽量减少共振，而有许多仪器和装置则要利用共振原理来制造。

⬆ 黄纬禄（前排左四）与试验队队员合影

统发生耦合，共振加剧了导弹解体。"

弹性振动是导致"东风二号"导弹发射失败的重要原因之一，也是控制系统亟待解决的问题。对此，黄纬禄他们展开了一场持续4个月之久的"杀出血路"的攻坚战。每天从他们办公室经过的人，都能感受到这些研究如何控制导弹的人高频率的"振动"——为了一个方案而争执不下的情况是家常便饭。思维在激烈争论中迸发出火花，思路进而得到拓宽。负责导弹研制领导工作的钱学森还经常抽出时间来到这里，听取大家的意见，而后和大家一起讨论。

在热烈的氛围中，黄纬禄总是表现得很沉稳，极少看见他红过脸。他坐在一旁，仔细地聆听每个人的意见，笔不离手，记录下每条意见的要点。等归纳总结得差不多时，他就会站起来，把

> **链接**
>
> ## 波峰和波谷
>
> 如果用水波来形象地举例，凸起的最高处是波峰，凹陷的最低处是波谷。更科学的解释是，在任一确定时刻，在一个波长的范围内，波所到达的各点都处于不同的振动状态，振动达到正向位移最大值的位置，称为波峰；振动达到负向位移最大值的位置，称为波谷。

争论的核心问题和解决方案的优缺点，简明扼要地向所有人阐述一遍。他的语速不紧不慢，时常是两三句话就把问题说明白了，而脸上亲和的笑容又能让在场的人冷静下来。

经过讨论，大家发现自己好心办了坏事。原来为了操作方便，他们把控制系统的仪器舱从导弹中部搬到了尾部，结果尾部正是弹体弹性振动波峰的位置，导致弹体飞行时因振动过大而破裂。认识统一后，黄纬禄带领着控制室的同志对导弹的控制系统做了较大改进，确保了导弹的"头脑"在整个试验过程中都保持"清醒"，能够准确控制导弹的飞行姿态和轨迹。

吃一堑，长一智，大伙吸取了第一次自主设计缺乏经验而没有进行充分的地面试验的教训，在导弹总装前进行了大量的计算分析与地面试验工作，几个分系统协同作战，进行了一系列设计

⬆ "东风二号"导弹

修改与地面试验,为导弹的再次腾飞铆足了劲儿。

改进后的"东风二号"导弹于 1964 年 6 月 29 日再次进行飞行试验,终于取得了圆满成功,从而翻开了我国导弹发展史上自主研制的崭新一页。

1966 年 10 月,"东风二号甲"导弹运载核弹头在预定地点成功爆炸,"两弹结合"试验震惊世界。

1970年4月22日,黄纬禄从液体导弹控制系统研究所调到固体导弹总体设计部,迎来了人生中的一个重大转变。

11 从陆上转行水下

"1970年4月22日,我从液体导弹控制系统研究所调到固体导弹总体设计部,调动的这一天正好是列宁100周年诞辰,所以这个日子很好记。这次调动是我人生中的一个重大转变,是从液体导弹走向固体导弹、从地地导弹走向潜地导弹、从控制分系统走向导弹总体的大转变。"黄纬禄回忆当时的情景说道。

20世纪70年代,黄纬禄的人生发生了一次重大转折。从1957年二分院组建伊始就在北京永定路工作的黄纬禄,不得不暂时离开这片工作了十几年的地方。

20世纪60年代,我国已先后研制成功了原子弹和液体战略导弹,从而打破了世界超级大国的核垄断。但是液体战略导弹系统复杂、体积庞大、发射准备时间较长,且机动隐蔽性比较差。为了满足国防的需要,提高我国战略武器的攻击力和生存能力,就需要研制在以上方面更具优势的固体战略导弹。

我国研制的第一种固体战略导弹正是潜地导弹。

⬆ 黄纬禄的新战场将转移到潜艇上

1967年,国防科委下达了由潜艇在水下发射固体导弹"巨浪一号"的任务。

黄纬禄将要进入的就是这样一个新的领域。对他来说,这是一次机遇,也是一次考验。说到机遇,他一生中事业上最大的贡献正源于此。说到考验,新的工作将给他的家庭带来诸多困难。

黄纬禄的新工作单位叫固体导弹总体设计部(简称"四部"),位于南苑,在北京南部的丰台区,而永定路位于北京西部,两者相距20多千米,这就意味着黄纬禄照顾家里的时间将会更少了。

他带着担任四部主任的任命回到家里,却不知该如何将工作

> **链接 液体导弹和固体导弹**
>
> 液体导弹是以液体燃料为推进剂的导弹,其优点是推进剂燃烧效率高,需要时对导弹实施推进剂加注即可发射,而且液体发动机推力较大,可多次点火;缺点是发射准备时间长,液体燃料储存、运输不便,有害物质易造成污染。
>
> 固体导弹是以固体燃料为推进剂的导弹,其最大优点是发射准备时间短,应急发射能力强,发射前无须加注推进剂,随时可实施点火发射;缺点是固体发动机推力较小,且只可一次性点火,此外固体发动机虽结构简单,但装药制作要求精度高,中心形状直接影响到发动机的推力大小,要求有相当的技术基础才能制造。

调动的消息告诉老伴。当时,原本给家里带来活跃气氛的3个孩子已经全都上山下乡,离开了北京。看着老伴在房间里忙忙碌碌,他不由一阵心酸。一直以来,老伴刘汉菊在他背后默默奉献,将整个家照顾得细致、周到,最大限度地支持了他的工作。而她对自己付出的一切却没有怨言。但黄纬禄知道,这个女人为他、为这个家已经牺牲了太多。这一年,比自己小4岁的老伴也已经年过半百,而且体弱多病的她还要照顾一直生活在一起并由他们赡养的70多岁的老表姐。望着老伴眼角和额头上的皱纹,他实在不忍心把家里的担子全部压在她身上。黄纬禄怀着复杂的心情将这个消息告诉了老伴，而老伴就和以前一样，又是无私地支持黄纬禄去新单位承担新的工作。

由于交通不发达，黄纬禄只能每周回家两三次。那时候从永定路到南苑乘公交车上班，时间上根本没有保障。有时半天不来车，即便等到了公交车，也往往人多挤不上去。天晴还好些，一遇上下雨、下雪等恶劣天气，交通就更加拥堵。黄纬禄估算了一下，乘坐公交车到南苑的路程是22千米左右，从永定路沿着郊区的小路到南苑是18千米左右，但是小路上不通公交车，只能骑自行车。为了尽量延长工作时间，黄纬禄最后决定骑自行车上下班。

他把这一想法跟老伴一说，立刻遭到老伴的反对："这怎么行！你已经50多岁了，身体又不好，别骑自行车了，万一路上摔倒了怎么办？"在老伴刘汉菊看来，让这样一个年过半百的老人骑行18千米去上班，怎能叫人放心呢？黄纬禄知道老伴是在心疼他，可是为了工作他却偏偏要说服她才行。为了减轻老伴的担忧，他故作轻松地说："你可不知道，骑自行车有两大好处，一来可以锻炼身体，二来外出办事方便。"老伴无可奈何，只能任由他骑车上班了。刘汉菊太了解自己的丈夫了，只要是工作上的事情，

> **链接　潜地导弹**
>
> 潜地导弹是指由潜艇在水下发射，攻击地面战略目标的导弹，其隐蔽性、机动性好，生存能力强，便于实施核突击。潜地导弹与潜艇及导弹发射、指挥、控制系统等构成潜地导弹武器系统。

◀ 20 世纪 70 年代
中期的黄纬禄

谁也劝不了他。

　　沿着京郊小道，50 多岁的黄纬禄骑着自行车急匆匆地赶路。当时，这条小道旁边栽有两排槐树，两边没有什么建筑，还是一片田野风光。可是因为赶路时间紧迫，他根本无心欣赏。这条小道的路线是他多次摸索确定的，小路上没有红绿灯，行人车辆较少，路程也能缩短一些。可即使这样，一趟骑下来至少要 75 分钟。从 1970 年到 1979 年，这条僻静的小道上，有他在酷暑中戴草帽赶路淌下的汗水，也有他在寒冬中裹衣前行的身影。平常天气晴朗的时候还好，遇到雨雪天气，这条路可并不好走。

　　一个冬天的晚上，黄纬禄照旧骑车回家。那天刚下过雪，小路上一片洁白，崎岖的路面被积雪覆盖，看似一片平坦。黄纬禄又在单位忙到很晚才下班，天色已经暗了下来。走在路上，一阵阵北风打着旋儿直往领口里钻，黄纬禄感到一些寒意。他心里想着，赶紧回到家里暖和一下，老伴这时肯定早就做好了饭菜等着他呢。

⬆ 黄纬禄（左）倾听总设计师助理宋兆法的意见

自己两天没回家了，不知道老表姐的身体能不能经受住寒冬的考验；老伴既要上班又要操持家务太辛苦了，回去一定要好好帮她做做家务。他这样想着，不料车下一滑，连人带车摔在了地上。这一下，黄纬禄感觉右边的胳膊有些疼痛，摆动也比较费劲儿。还好，车子没有被摔坏，他忍痛又骑上了车，在雪地里继续前行。

回到家时，老伴早已等得焦急，看到他狼狈的样子，吓了一跳。黄纬禄开始还觉得胳膊问题不大，谁知等坐到饭桌前时，连筷子也拿不住了。老伴看在眼里，疼在心上，关切地数落着黄纬禄，他赶紧表示："好！好！这回听你的，不骑自行车了。"第二天，

⬆ 黄纬禄在办公室

黄纬禄又去挤公交车上班了。在胳膊受伤的日子里,黄纬禄只能放弃骑自行车。可是乘公交车中途要倒好几次车,来回需要三四个小时。黄纬禄依然坚持不迟到、不早退,早上他起得更早,晚上他回来得更晚了。对黄纬禄来说,每次去上班都很不容易,难能可贵的是,他坚持了整整9年。

比交通不便更不容易的是,新工作对他提出的挑战。

四部的研制人员都是搞导弹总体设计的,黄纬禄虽然是一位控制系统专家,但却是第一次担任导弹总体部的主任,以后要由一个不了解总体设计的人来领导工作,研制人员心里不禁都有一些担心。

面对总体部同事那略带疑问的目光,黄纬禄心里十分清楚自己的不足,一般来说,业务部门领导的威信很大程度上来自于其技术上的权威,而对总体设计尚不太熟悉的黄纬禄,首要任务是必须尽快成为这一领域的专家。

这难不倒黄纬禄,他搞导弹不也是一切从零开始的吗?这次从控制系统转行到总体,他同样可以做到。然而不同的是,前一次他的老师是苏联专家,而这次他的老师却是他的下属。

他并不怕自己因为技术上的不足而被下属轻视或讥笑,一开始就把自己定位成一个学生,他承认自己对总体设计并不熟悉,对型号了解还很肤浅,请大家把他当小学生教起,"一遍不懂,就再讲一遍"。黄纬禄这种实事求是、虚心好学的态度,感动了总体部的员工,他们觉得黄纬禄身上没有那种居高临下的官气,待人和蔼可亲,大家很快便对这位新主任有了一种亲近感。

黄纬禄认为:导弹是一门综合技术,任何一个技术权威都不可能样样精通。作为一个领导者,必须先当学生,再当同学,后当先生,不懂就是不懂,不要不懂装懂,不懂就问,问明白了以后就懂了。虽然当时黄纬禄已经年过半百,但他正是用这种实事求是和认真好学的态度要求自己,很快他就从总体设计的门外汉成为内行专家,逐步有了发言权。

12 独创三步试验法

导弹从水下发射和在陆地上发射完全不一样,研制潜地导弹过程中遇到了诸如导弹尺寸限制、导弹姿态控制等一系列复杂的技术问题。

1970年,黄纬禄被任命为潜地导弹总设计师。面对既无资料,又无仿制样品,还缺乏预先研究等困难,黄纬禄带领刚组建的年轻的导弹研制队伍,又一次从零起步了。

刚刚接手潜地导弹研制的黄纬禄,必须对已经开展的各项工作负责。他走遍大江南北,对正在进行的各项大型工程进行摸底,边学习,边调查,边研究。那些地处深山沟的研制单位,以及大漠荒原、戈壁深处的试验基地,都有他的足迹。

这一天,在黄土高原某处正在开挖的工地上,一群知识分子模样的人急匆匆地走来。在这片荒无人烟的黄土地上,几百个建筑工人正在挖一个巨大的水池,一车一车的黄土被运出去。一阵阵狂风吹过这片干旱的工地,卷起层层尘土。这个正在挖掘的巨

▶ 在一线调研的黄纬禄（右一）

大水池宽30米，长50多米，深度还在不断增加，预计可达30多米，这正是建设中的模拟潜艇水下发射条件的陆上水池。

来的这群人当中，为首的正是黄纬禄，他们一行人刚从百里之外的北京总部赶到工程前线。

当时摆在他面前的情况是：发动机试车尚未成功，总装厂尚未建成，模拟水下发射的大型陆上水池正在动工，导弹研制条件十分艰苦……这与他从事液体导弹研制的状况相比，真的是有天壤之别。他心急如焚，同时也感到当前工作的艰巨性和迫切性。

黄土高原上的这项工程耗资巨大，而且已经投入了几百万元，是所有建设的工程中规模最大的一个。查看过施工现场之后，黄纬禄不禁眉头微皱。这项工程是按照国外的试验程序模式做的，国外的潜地导弹在上艇前必须先经过陆上水池模拟试验和投放试验，一来看看导弹适不适应水下环境，二来避免出现砸艇事故。黄纬禄和同事们经过充分论证发现，即使挖好大水池，也还是存

⬆ 黄纬禄（右三）在试验基地

在很多技术问题难以解决，比如水流速度、池壁效应、发射安全等，水池并不能真正模拟水下环境。随着对工程的了解，黄纬禄心里的疑虑越来越大，建这样浩大的工程到底有多大的必要性呢？

黄纬禄想到：我们的科研经费是人民节衣缩食省出来的，国家底子薄，经济困难，我们要为国分忧，在不降低指标性能、不延长研制周期的情况下，尽量少花钱多办事，能节省一点儿就节省一点儿。鉴于工程已经开始，他们必须尽快对工程的必要性做出判断，如果这样拖下去，国家可能会耗费更多资金。

针对这一庞大的工程，黄纬禄他们从必要性和可行性、科学性和经济性出发，组织技术人员反复论证，一致认为国外潜地导弹试验程序复杂，周期很长，使用的导弹数量过多，耗资巨大，中国不能这样办。陆上水池工程浩大，模拟效果不明显，耗资费事，不符合我国国情。只要充分做好地面试验，导弹经陆上发射台、发射筒飞行试验成功后，直接进入潜艇进行水下发射试验是完全可以的。在此基础上，他们大胆提出了取消陆上水池试验，利用南京长江大桥搞模型弹投放试验的建议。

此建议一出，立即引起很大轰动。为此，国防科委专门召开了汇报会，黄纬禄代表四部非常慎重地阐述了他们的想法，详细介绍了他们所做的分析和试验，并明确表示可以在潜艇上直接做导弹水下发射试验。黄纬禄还进一步阐明："固体发动机一旦点火、燃烧，内部压力较大，如果在固体发动机外壳上装一些引爆条，万一导弹因故障自毁，引爆条就会将导弹炸成比较小的碎块，而且碎块落入水中也不会伤及潜艇。"

黄纬禄（中）在总设计师扩大会上

国防科委副主任钱学森一听此方案，拍手叫绝，他当即召开会议，把总参、七机部的人找来，把军代表们找来，大家商量后认为报告有理有据，不建陆上水池是可以的。黄纬禄的建议最终得到上级的批准，正在进行的陆上水池建设工程被取消了。这项工程的停建，为国家节约了几十亿元资金，并缩短了导弹研制时间。

对于潜地导弹试验，黄纬禄等人提出了独创的"台、筒、艇"三步试验法。第一步是在地面发射台上做试验，如果在发射台上试验正常，就说明导弹符合设计要求。第二步是放在陆地上的发射筒中打，这个试验成功之后，再进行第三步——从舰艇上打试验弹。这种三步走的试验程序做到了既快又省，该型号导弹的整个研制过程与美国同类型号的试验程序相比，减少了陆上水池试验和水面舰艇发射试验两个阶段，而且状态简化了许多，节约了大量的研制经费和时间，开创了一种符合我国国情，具有中国特色的潜地导弹试验程序。

13 大桥投弹藏奇招

1970年7月,在素有"火炉"之称的南京,骄阳似火。长江岸边的水汽在阳光的炙烤下不断蒸腾,使人憋闷得喘不过气来。

一天夜晚,新建成不久的南京长江大桥突然宣布戒严。桥面上十步一岗,五步一哨,往日灯火辉煌、车水马龙的壮观景象不见了,只有荷枪实弹的士兵在站岗,偶尔还有巡逻兵的低声盘问和回答:"口令!""钓大鱼!"

南京长江大桥为什么会戒严?

原来,这里要进行秘密的导弹投放试验。导弹就是正在研制的从潜艇上发射的潜地导弹。

既然是从潜艇上发射的导弹,为什么不到海里去试验,却跑到内河的大桥上来了呢?

因为潜地导弹在海上试验前有许多准备工作要做,比如要先在陆地上进行发动机的点火试验、控制系统的测试工作等。其中有一个很重要的问题,就是万一导弹在水下发射时出现故障而砸

> **链接：南京长江大桥为什么会成为潜地导弹试验场？**
>
> 南京长江大桥是长江上第一座由我国自行设计和建造的双层式铁路、公路两用桥，是继武汉长江大桥、重庆白沙沱长江大桥之后第三座跨越长江的大桥，也是其中最长的一座。该桥的江面正桥部分长1576米，有9墩10孔，每孔跨度160米。大桥距离水面约120米，桥下水深15～30米。以上基本符合潜地导弹起飞和落水试验的条件，而且以大桥为依托，便于打捞回收试验弹，以进行多次反复试验。

下来，设计人员必须精确地计算出导弹落水后下沉的深度，以及落水的导弹会不会砸坏水下的潜艇。如果心中无数，则很容易发生"弹毁艇亡"的大事故，所以不完成充分的地面试验，是不能贸然进行海上试验的。

南京长江大桥还真的与潜地导弹有缘。黄纬禄和设计人员曾一起四处寻找适合做高空投放导弹的试验场地。如果到我国近海去做试验，投资太大、周期太长，条件根本不允许，最后他们踏破铁鞋，终于把目标锁定在南京长江大桥。当时，国内只有这座大桥距离水面的高度及桥下水的深度最接近试验的要求。于是他们向上级报告，后来便有了南京军区的一纸命令：南京长江大桥戒严3天，配合科研人员进行导弹试验。

此时，大桥中央停放了一台巨大的吊车。似火骄阳下，一枚重10吨、直径1米多、长10米多、外壳涂着白漆的试验弹正垂直吊挂在大桥外侧，准备投放。50多岁的

⬆ 黄纬禄（中）和同事在南京长江大桥

黄纬禄和其他技术人员一样，身穿短裤，脚蹬凉鞋，在大桥上开展试验。这群人中除黄纬禄外，大多数是20多岁的小伙子。在太阳的炙烤下，大桥上的栏杆处处烫手，大家个个汗流浃背，有人干脆把贴在身上的衣服脱掉，结果很快就被晒脱了皮。

头顶是炽热的太阳，周围是烫手的金属器材，工作条件的艰苦可见一斑。试验人员在长江岸边借了几间工人宿舍和附近的一块平地用作住所和技术阵地。他们白天顶着烈日工作，汗水浸透了工作服，因条件所限，衣服只能两天换洗一次，上面积下了一层又一层的白色汗碱。到了晚上，宿舍里潮热难耐，由于在水边，蚊虫很多，不挂蚊帐就会被蚊子咬得睡不着，挂了蚊帐又会闷热

得难以成眠。一觉醒来，床席上留下了一个湿漉漉、完整的人体轮廓。因此，睡个好觉对他们来说简直是件奢侈的事情。

试验弹要与潜艇发射的真实导弹在外形、尺寸、重量等方面一模一样，为了积累数据，试验要反复进行很多次，因此试验弹还必须具备回收并重复使用的功能。

⬆ 黄纬禄在南京长江大桥

怎样才能一弹多用呢？黄纬禄他们开动脑筋，想方设法在试验弹的肚子里放进一个大胶囊，并往里面注满水。当灌饱水的试验弹被投入水中，下沉到预定深度后，再利用高压气瓶的气把胶囊内的水排出来，弹体重量减轻了，试验弹就会浮出水面，打捞后便可以再次使用。

在导弹肚子里面贴放胶囊可是件苦差事。技术人员必须光着膀子、穿着短裤，钻进导弹里面，弯腰蹲在壳体内操作。在烈日照射下，试验弹壳体内的温度高达50摄氏度，又无法通风，胶接剂的刺鼻气味令人作呕。人钻进壳体内工作一会儿，就全身汗如雨下，短裤都湿透了，所以每过10分钟必须实施人员轮换。黄纬禄看见大家很辛苦，再三要求进去操作。在旁边一起工作的年轻人看到

⬆ 1970年7月，黄纬禄（后排左三）和同事在南京长江大桥做试验期间合影

黄纬禄年纪这么大，都劝他回去休息，他却说："让我和你们在一起多工作一些时间，我的心情会感到更愉快一些。我向你们保证，我一定量力而行。"大家拗不过他，只好让他进去了。浑身湿透的黄纬禄出来后，还不忘给大家鼓劲儿："我们要记着刘伯承元帅说过的话——'解放军是只猛虎，加上现代化的装备，就如虎添翼了'。我们搞潜地导弹就是'为虎添翼'啊！"经过十几次

 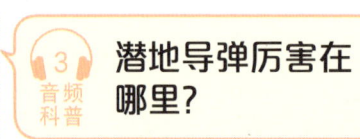

3 潜地导弹厉害在哪里？

轮换，胶囊终于贴好。

"咣当"一声闷响，设计人员把试验弹从桥上投进了水里。黄纬禄扶着桥栏杆仔细观察弹体的入水情况，没想到投放试验弹的缆绳打到了他的肩膀，鲜血瞬间染红了衣服；更没想到的是，试验弹以水平姿态砸向水面，连接两级弹体所用的36个螺栓全部滑扣，试验弹几乎散架。多次试验，都是这个糟糕的结果。

入夜，黄纬禄辗转反侧，彻夜无眠，他反复把白天的试验一幕接一幕地在大脑中回放。忽然他想到，滑扣可能与试验弹的落水姿态有关。天刚放亮，他就组织设计人员在试验弹的弹头上加了个降落伞，如此一来，试验弹不再水平地砸入水中。当弹体降落时，降落伞打开，起到增加阻力的作用，弹体入水时的速度减慢，于是弹体倾斜着插入水中，这样螺栓滑扣的问题得到了圆满解决。

通过不同投放姿态的试验弹入水试验，检验了弹体的结构强度，测得弹体入水深度为15～18米时，潜艇没有被砸到的危险。黄纬禄在试验之后终于长长地舒了一口气。

14 失败面前的强者

很少有人知道,"从零起步"的事业是何等艰难。只有黄纬禄和战友们知道,他们度过了多少不分昼夜的日子,经历了多少一筹莫展的低谷。

1982年10月1日,新华社受权向全世界公告:1982年10月7日至10月26日,我国将在黄海海域发射导弹。在公告的规定时段内,黄纬禄将在这一海域指挥他们研制的潜地导弹从潜艇上起飞。

十年磨一剑,中国的第一代潜地导弹已经准备了十几年之久,发射的时刻终于到了。然而出师不利,导弹从潜艇上直冲出水后,很快失去控制,迅即偏离方向,超出安全范围,导弹自毁。

试验失败像一座大山压在了指挥员和所有技术人员心头。大家无心吃饭,也无法入睡,由于这次海上试验的战略意义重大,中央给予了高度关注,失败带来的压力不言而喻。另外,由于是在公海试验,外国的卫星和船只都在密切关注着发生的一切,失败产生的国际影响可想而知。

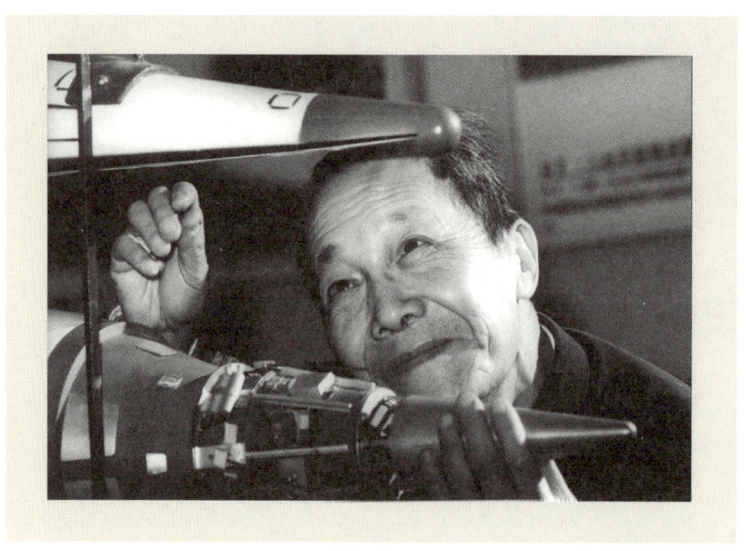

⬆ 黄纬禄在仔细观察和分析设备的状况

参与这个导弹型号研制的单位不在少数，失败必然要"追查责任"。一时间，参加试验的人员开始人心惶惶。此时黄纬禄回想起了当年聂荣臻元帅的教诲：在成功面前要多想别人的贡献，失败时领导要多承担责任。就在大家惴惴不安的时候，黄纬禄站出来对众人说："试验失败主要是弹的问题，我是总设计师，我应负主要责任。大家要认真总结经验，坚定信心，打好第二发。"

既然总设计师这么说了，大家心里的包袱自然就放下了。上级也传来消息，鼓励大家认真总结经验教训。黄纬禄一向认为，解决技术问题必须首先解决人员思想上的问题，只有把思想包袱放下了，才有可能静想技术问题。在上级领导和黄纬禄的引导下，研制队伍中的紧张气氛缓和了，大家将精力放在了事故原因的查找上。

➡ 黄纬禄（右）在潜地导弹发射现场向国防科委主任张爱萍汇报工作

在接下来的几天里，失败原因成了黄纬禄心中一个巨大的疑问。他对导弹的质量是有信心的，因为这一直是他平时抓得最严格的一环。到底是方案本身的问题，还是操作失误？黄纬禄就像一个断案的神探，他拼命回忆并思索着发射过程的每一个细节。其中有一个场景出现在他的脑海中：在水下发射前，潜艇的一个操作手胸前挂了一个秒表，在他弯腰的时候，秒表触动了操作台上的一个开关。当时，有人判断这个开关对整个试验没有影响，所以导弹按计划发射了。发射失败后，人们开始怀疑：是不是那个潜艇操作手的秒表碰到开关引起了事故？这种怀疑使得那位操作手精神紧张到几乎崩溃。负责导弹设计的研制单位得知这一细

↑ 黄纬禄（左三）在试验基地与科研人员一起分析技术问题

节后，反倒松了一口气，认为失败与自己单位没有关系了。但黄纬禄却不这样想，他认为事情不会这么简单，他和研制人员立刻进行遥测数据的仔细分析。

很快，导弹控制系统、遥测系统、惯性器件的数据分析结果出来了，令人没有想到的是，线索竟然指向了一个小小的插头，是它提前脱落导致发射失败。黄纬禄把查找故障的过程和结论向导弹试验指挥部做了汇报。他特别指出试验失败是研制单位的责任，为潜艇操作手"平反"，大家也为他这种实事求是、敢于负责的精神所折服。

任何事情都有它的两面性，就在大家因失败而情绪沮丧时，黄纬禄却从这次导弹自毁中得出了另一个有价值的结论。一直以来，包括黄纬禄在内的所有研制人员都想知道，导弹自毁后落下来的残骸会不会砸坏潜艇。虽然以前进行了充分的论证，但并没有进行实际的导弹自毁试验。黄纬禄认为，这次发射虽然失败了，但却是一次很完整、很有价值的导弹自毁试验。虽然代价很大，但它把人们对导弹碎片是否会砸坏潜艇的顾虑彻底打消了。黄纬禄把这种看法告诉试验队的同事，也缓解了大家自失败以来的沮丧情绪。接下来，他们在总装厂一位老师傅的帮助下加固插头，提高插座的可靠性，解决了插头脱落的问题，有效地避免了类似故障的发生。

那次试验一共准备了3枚导弹，由于失败原因查找及时，在禁海公告时间内进行第二次发射还有机会。这与黄纬禄能够在失败后迅速减轻大家的压力，使大家放下思想包袱、团结起来是分不开的。

也许做个负责任的人很辛苦，因为责任不是一个轻松的字眼；但做个勇于负责任的人是快乐的，因为它成就了事业、升华了人生。在失败这块试金石面前，黄纬禄无疑是个有大智慧、能担当的强者。

1982年10月12日下午,海面上一条喷火的"蛟龙"跃出水面,带起了一根冲天水柱,"蛟龙"腾云驾雾,稳稳地直飞蓝天。

15 蛟龙出海，巨浪滔天

中国人研制潜地导弹的消息，无疑触动了几个大国的敏感神经，1982年10月上旬的短短几天里，黄海海域的动向引起了许多国家的关注。中国的第二枚潜地导弹一旦发射成功，中国将成为世界上第四个能自行研制潜地导弹，第五个拥有水下发射战略导弹能力的国家。

第一次水下发射导弹失利后，黄纬禄带领大家迅速找到了事故的原因，并且采取了改进措施，但第二枚导弹是否打、何时打，他们还要等待上级的指示。大家都清楚，经历上一次的失败之后，上级显然对是否继续试验比较犹豫。为此，试验区的领导和所有参试人员都在焦急地等待着上级的决定。黄纬禄的心里十分清楚，虽然他们可以等，但气象、海况条件不等人。据气象预报，几天后海况将越来越不利于发射，况且这时距离国家发布的禁海结束时间已经很近了，若延长禁海时间需要重新发布公告，如果再等下去，延误最佳时机将是他们最大的损失。黄纬禄把上述情况向

▶ 黄纬禄（左一）在潜地导弹基地做汇报

中央做了详细的汇报。

上级终于下达了同意发射的决定。两个多月来过度操劳的黄纬禄，在发射前几天又是彻夜不眠，他脑子里翻来覆去地思考还有没有疏漏的环节，直到最后一晚，他巡查了导弹的所有系统，确认没有任何问题。但是，黄纬禄刚睡着就被从北京打来的一个紧急电话叫醒——"成功把握有多大？是否推迟几天，把问题再考虑考虑？"这一电话让导弹的发射时间再生变数。

像这样一项大型试验，没有人能够保证百分百成功。是打，还是不打，黄纬禄为难了。若是推迟发射，黄纬禄无须承担任何风险；但是这样的话，由于气象和海况条件越来越不利于发射，试验任务有可能就此泡汤。错过有利时机，发射任务只能另外择期进行，到那时给国家带来的损失和不良政治影响将是难以避免的。

黄纬禄心潮起伏，他正经历着艰难的选择，几次伸向电话的

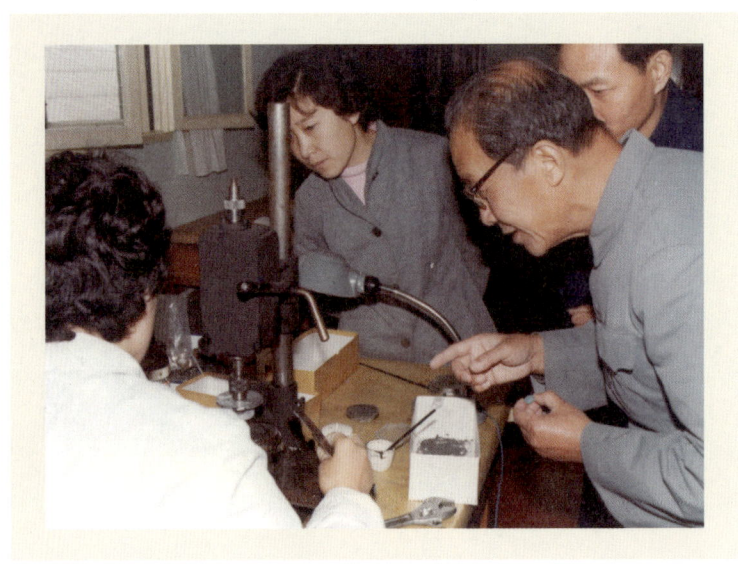

⬆ 黄纬禄（右一）深入基层了解情况

手又收了回去。他稳了一下心神，又把导弹和所有参试设备的各个环节在脑海中过了一遍，从导弹各系统的检查情况到发射预案准备情况，从试验队上下的各种意见到是否发射的利弊分析，他又做了一次缜密的思考。最后，他镇定地拿起电话向上级报告："需要考虑的问题都考虑了，应该准备的一切都准备好了。我认为发射条件已经具备，不宜推迟，建议按时发射，不再延期。"

片刻后，黄纬禄收到了来自北京的回复："我们尊重第一线同志的意见。"

黎明到来，试验潜艇整装出发，驶向预定海域。

1982年10月12日下午，海面上一条喷火的"蛟龙"跃出水面，带起了一根冲天水柱，"蛟龙"腾云驾雾，稳稳地直飞蓝天，

⬆ 黄纬禄在舰艇上观察导弹试验情况

尾部喷发的橘红色火焰,把碧海蓝天染得一片辉煌。

与此同时,指挥所里的人们屏住呼吸,静静地听着导弹飞行情况的报告:

"导弹发射正常!"

"一级发动机点火!"

"导弹两级分离!"

"头体分离正常!"

"弹头命中预定海域!"

准备了十几年之久,多少人为之付出心血的第一代潜地导弹终于发射成功。指挥所里的人,军舰上的海军战士,所有得知这一消息的人,一瞬间都仿佛变成了欢乐的孩子,他们唱着,跳着,

◤ "巨浪一号"潜地导弹

◂ "巨浪一号"潜地导弹出水

⬆ 潜地导弹发射试验成功后，黄纬禄（右二）和同事从基地归来时的合影

欢呼着……

试验基地举行了隆重的庆功会，一向感情内敛、温文尔雅的黄纬禄这时也抑制不住自己的兴奋之情，端起搪瓷碗和大家一起畅饮庆功酒。兴之所至，很少写诗的黄纬禄提笔写下了一首短诗：

龙腾虎啸刺九霄，群情振奋心暗焦。

航程段段传喜讯，忧虑之情渐渐消。

忽闻落区传捷报，万众欢腾齐跳跃。

弹头中靶精度高，胜者心潮如惊涛。

▲ 黄纬禄（右二）为国家研制新的"撒手锏"

而后，"巨浪一号"潜地导弹在我国核动力潜艇上再次发射成功，使我国拥有了完整的二次核打击能力。

中共中央、国务院、中央军委为我国潜地导弹发射成功发来贺电，贺电中提到：这是党的独立自主、自力更生方针的又一胜利。的确，黄纬禄和他的同事在没有经验可借鉴、没有资料可参考、没有现成的试验设备和场地的"三无"情况下，突破了潜艇水下发射导弹的复杂技术。因此，该型号导弹获得了国家科学技术进步奖特等奖。

潜地导弹飞行试验成功后，黄纬禄和同事又极力倡导潜地导

> **链接　陆基机动导弹**
>
> 这是一种从陆地上以机动形式发射，攻击战略目标的远程弹道导弹，是战略核力量中不可忽视的重要组成部分。

弹"上岸爬高""一弹两用"。原来，早在研究和论证潜地导弹"台、筒、艇"三步试验程序时，他们就发现固体潜地导弹的陆上筒射状态很接近陆上机动发射状态。黄纬禄设想："能否将潜地导弹搬上岸，按同一种导弹既可以用作潜艇水下发射，又可以用作陆上机动发射的原则，进行必要的修改，再重新研制一套地面测试发射车辆，即可将潜地导弹转换成陆基机动导弹。这样做，可利用原来的研制基础和成果，大大节约研制经费、缩短研制时间，尽早为国家的国防实力增加一种撒手锏。"

1979年，黄纬禄又被任命为陆基机动导弹的总设计师。这一年黄纬禄63岁，他将新的重担和风险一肩扛了起来。在他的率领下，大家用不到5年的时间突破难关，成功研制了我国第一代陆基机动导弹，填补了我国战略武器的一项空白。

16 宝典"四共同"

航天系统的人都折服于黄纬禄的人品,他谦虚随和,同下属讲话从不问"你听懂了没有",而是问"我讲清楚没有"。在表达不同意见时,从不直接否定对方观点,而是说"你看能不能这样思考……"

黄纬禄在航天产品研制工作中坚持一条"四共同"原则,即"有问题共同商量,有困难共同克服,有余量共同掌握,有风险共同承担"。这短短的28个字,是黄纬禄和同事们的经典归纳,一直被航天科研单位所推崇,成为协调工作的宝典。

这个宝典还得从潜地导弹的首次总设计师扩大会谈起。

潜地导弹研制时遇到了一个问题,即由兄弟单位研制的一级发动机在试车时明显不符合任务书的要求,虽然经过多次改进却无明显的效果,这项指标的超差(一种质量缺陷)将使导弹的出水姿态难以控制。兄弟单位的同志认为这个难题在短期内难以解决,这样就使各方面的工作长时间停滞了下来。在此紧要关头,

⬆ 黄纬禄（左三）在总设计师扩大会上
耐心倾听技术人员的意见

黄纬禄决定于1979年8月6日召开一次总设计师扩大会。

黄纬禄主持了这次会议。作为总设计师，他首先请各单位介绍各自的工作情况，以便相互了解，使大家全面掌握情况；然后他请大家将所接受的任务书指标和工作中已达到的指标，以及通过努力在近期能达到的指标无保留地互相交底；接着他又关切地询问了各单位对所提指标究竟留了多少余量。

黄纬禄回忆道："我在会议上讲，对于超差问题，搞发动机的同志已经花了很长的时间尽力将其减小了一点儿，但还是达不到指标要求。我在基层工作过，知道有些设计人员为了保险起见，

◀ 有问题要多商量

给自己的设计指标留有余量，往往给与之配合的单位提出较为苛刻的指标要求。于是，我让大家把各自的指标余量亮出来，再分散难点。比如让控制系统看看能否在网路设计方面再想一点儿办法，然后把指标余量重新分配一下。经过这些努力，发动机的指标超差问题比较快地解决了。但是，在分散难点时，可能有的单位通过极大的努力仍达不到新指标的要求，那就会有一定的风险。我提出，这样的风险不应由某个单位承担，而要大家共同来承担。不能出了问题相互指责、埋怨。"对此，黄纬禄多次明确表示："作为总设计师，我首先要承担责任。"

会议结束时，大家都很满意，纷纷表示可以拿出一些指标余量，让下一步的研制工作继续进行。最后发动机研制单位根据新商定的参数进行改进，很快交付了产品，为全面展开下一阶段的研制工作创造了条件。

在黄纬禄主持的这次总设计师扩大会之后，总设计师办公室根据黄纬禄的提议和扩大会的内容，总结出了"有问题共同商量，有困难共同克服，有余量共同掌握，有风险共同承担"的"四共同"原则。

黄纬禄说，"总设计师要善于协调矛盾"，有问题共同商量就是一个好办法。其实，商量就是要发扬技术民主，让大家放心讲话。作为总设计师，最好不要自己拍脑瓜做决定，人生在世几十年，任何一个人的精力、能力和智慧都是有限的。如何把这个限度变得相对多一点儿，就得靠多听别人的意见。

⬇ 自己错了，也要勇于承认

有一次，地面设备研究所和总体设计部在模型弹发射程序上产生了矛盾，双方争执不下。作为总设计师的黄纬禄也提出了自己的意见，但是他的意见并没有说服大家，反而被指出有错误。经过一番争论后，他迅速认识到自己的错误，并在综合双方意见的基础上提出了新的方案。黄纬禄说："由于情况了解得不够全面，我原来的决定是错误的，现在做一些调整，请大家谅解。"矛盾的双方听后都很赞同，并表示一定按他的决定去做，密切配合做好这项工作。

有困难共同克服，黄纬禄是以身作则的模范。有一次，工厂的技术人员偶然发现，在导弹发动机喷嘴上，原本应该是不锈钢的堵盖中却混入了铁质堵盖。按照规定这是决不允许出厂的，必须将混进去的铁质堵盖找出来更换。然而一个发动机里通常有上百个喷嘴，每个喷嘴上都有一个这样的堵盖，这些堵盖又都是分批生产的，如果此时把已经安装到发动机上的堵盖逐个拆卸下来检查、更换，将会是一项十分繁杂的工作。怎样才能快速、便捷地找出不合格的堵盖呢？就在大伙儿一筹莫展的时候，黄纬禄来到工厂。他安慰大家："别急，咱们一起想办法。"黄纬禄仔细地查看了堵盖，他说："咱们设计一块电磁铁，把它通电后放在堵盖上方，如果堵盖是铁质的，两者之间就会相互吸引。"按照黄纬禄想出来的办法，工厂很快就把铁质堵盖全部找了出来。

黄纬禄经常以导弹控制系统的设计为例，说明"有余量共同掌握"的好处。他说："总体部为了安全可靠，要求控制系统有一定的安全余量；控制系统为保证自身的安全可靠，再将指标加

⬆ 黄纬禄（左二）在工厂出妙招　　⬆ 为人谦和的黄纬禄（左）

码后下达给设备研制单位；以此类推，设备研制单位又再次加码后下达给部件研制单位；部件研制单位在设计时还要考虑自己的安全系数。这样层层加码，使各级设计特别是给部件设计增加很大难度，甚至形成很多需要攻关的项目。而这个难度是人为造成的，是不必要的。如果大家共同掌握一个余量，就没必要层层加码，各级设计单位也就没必要花更多的精力、时间和经费去满足那些不切实际的要求，这样才能使设计更加合理。"

"有风险共同承担"，黄纬禄认为这是做好"四共同"的基础和保障。他牢记聂荣臻元帅在导弹试验失败时承担全部责任的高尚品德，领导干部在关键时刻敢于承担责任，在责任面前不推诿，这样才能更好地发挥群众的积极性。

由于总设计师黄纬禄身体力行，在研究和协调技术问题时坚持"四共同"原则，平时大家互相交底、不扯皮、主动挑重担、不推诿，潜地导弹的许多技术难题得到了迅速解决。一个有团魂的组织没有做不成的事情。

17 瘦了自己，肥（飞）了导弹

黄纬禄有个绰号，叫"导弹医生"。因为他发现问题敏锐，分析问题细致，解决问题也毫不含糊，所以导弹出现疑难杂症的时候，大家都愿意找他去"诊治"。

但凡名医大都深谙养生之道，格外爱惜自己的身体。可是"导弹医生"黄纬禄在给自己诊病时，却不是个好医生。

有一段日子，由于研制的导弹型号多、任务紧、压力大，黄纬禄经常会忽然感到体力不支，下腹的剧烈疼痛折磨得他坐卧不安，常常不得不按着腹部和同事们讨论工作。如此一段时间之后，黄纬禄终于挺不住了。到医院一检查，医生说这是长年累月的小毛病得不到及时治疗的结果，长长的诊断单让医生也感到十分诧异，眼前这个消瘦的人到底做的什么工作，会落得这一身的病——十二指肠球部溃疡、输尿管结石、心脏病等。医生给他开了一种排石汤，让他回去好好调理身体。别人只要吃一剂便可以把结石排出来了，可是黄纬禄吃了几十剂都毫无起色，腹部还经常抽搐，

⬆ 黄纬禄（左二）在一线忙碌

疼痛不已。最后医生不得不给他动手术。

手术后，医生拿着取出的结石说："你看，这结石卡在输尿管最狭窄的部位，结石周围还有几个'爪'，抓在黏膜上，当然没法排出来啦！"看着手指甲盖大小的石子和它周围毛刺一样的"爪子"，妻子刘汉菊心里泛起了阵阵酸楚："他是痛得实在忍不住了，但凡能稍微轻一点儿，他还会一直忙工作，顾不上看病、吃药的。"

还有一次，黄纬禄带队去某基地进行导弹飞行试验，由于北京和该基地的温差很大，他一到基地就患了重感冒，发高烧。晚

⬆ 导弹试验现场总能看见黄纬禄（右一）的身影

上试验队加班，同志们再三叮嘱他好好在宿舍休息，黄纬禄一口答应下来。可等大家走后，他一个人摸黑步行1000米，又赶到了加班现场。

"黄总，您怎么又来了？不是说好了留在宿舍好好睡一觉吗？"

"留在宿舍我也睡不着，不如来看看，心里还踏实些！"

"黄总您回去吧，您是不是对我们不放心啊，您放心吧，我们肯定不偷懒！"

"这么黑的路，我再一个人回去，你们也不会放心啊，行了，

◀ 黄纬禄（右一）
在工厂调研

就让我和你们在一块儿吧。"

……

软磨也好，硬泡也罢，总之无论同志们怎么劝，他就是不回去，和大家一起干到第二天天亮。试验队的一位领导同志也无奈地摇着头说："黄总啊，我们可真拿您没办法！"

1982年，是黄纬禄主持研制的潜地导弹首次进行潜艇水下发射试验的关键一年。作为总设计师，他像百米运动员进入"冲刺"阶段一样，拼了。这年2月初，黄纬禄在北京主持召开了潜地导弹和陆基机动导弹总设计师扩大会。会议开始的那天晚上，他开始发烧，并且出现便血。他估计是长期胃溃疡引起的胃出血，并清楚地意识到可能会产生的后果。但他想到，自己作为总设计师如果不参加会议，许多问题定不下来，下一步工作就不好开展。

⬆ 黄纬禄（左五）和战友们庆贺导弹试验成功

于是，他自己想出了解决的"办法"。他悄悄找到秘书，让秘书到医院给他要点儿止血药，并再三叮嘱秘书为他保密。直到为期5天的会议开完，他才去医院检查、治疗。在导弹发射试验的2个多月间，66岁的黄纬禄由于过度操劳，体重从64千克降到53千克，整整少了11千克！这个数字反映出一个平凡老人多么非凡的人生奉献和精神境界！

1983年下半年，他刚刚从医院出来，就又拖着多病之躯远行千里，四处奔波，到各有关单位了解情况，指导工作。不到5个月的时间里，他跑了6个省，直到除夕才回到家中。老伴心疼地说："只要提起导弹，天大的困难，他都要克服。" 黄纬禄的女儿曾经提到一件事情——有一次父亲让姑姑给补汗背心，姑姑好奇地问道："衣服的这个地方怎么会破？"黄纬禄假装若无其事地说："心口痛，揉得久了就破了。"

随着年龄增长，黄纬禄退居二线，担任研究院技术总顾问的工作，可是他的心却依然和一线的科研、生产、试验在一起。1988年，当我国核潜艇水下发射导弹的试验工作开始后，72岁高龄的黄纬禄又风尘仆仆地赶到试验现场。试验结束后，他回到北京还没来得及休息，就又冒着严寒赶赴西北戈壁滩，参加另一种型号导弹的飞行试验工作……

他的同事眼中闪烁着泪花，感慨地说："黄总啊，您是瘦了自己，肥（飞）了导弹啊！"

18　好脾气的严苛人

在很多人眼里，黄纬禄温文尔雅，脾气是出了名的好。可一旦面对导弹，他却严苛得像变了一个人。他常说："一枚导弹凝聚着成千上万人的劳动，任何一颗螺丝、一根导线、一个焊点出现一点儿问题，都可能导致整个试验失败，使成千上万人的心血毁于一旦，所以必须做到万无一失。"可见，在航天科研工作中，容不得半点马虎。

1986年1月28日，美国"挑战者号"航天飞机仅仅因为助推器上的一个小小的"O"形密闭圈失效，就导致航天飞机凌空炸毁，7名航天员不幸罹难；1970年4月13日，登月途中的美国"阿波罗13号"飞船，服务舱的液氧贮箱突然爆炸，后来查找原因，发现它曾经在安装中不慎被轻微损坏过。

在黄纬禄参与的一次导弹测试中，开始的十多个小时一切正常。随后，仪表上突然出现了一个稍纵即逝的异常信号。大家迅速展开排查，发现有一个继电器偶尔出现过一次该吸合却不吸合

 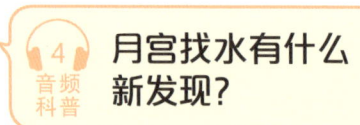

的现象。但在之后反复测试的几十次试验中,这种现象却没有再出现。

"查了这么多次,是不是故障已经排除了?"有的同志和站在身边的黄纬禄商量着。谁都知道,万一没有问题,一直这么测试下去,将有无数人、无数台设备白白"折腾",发射在即,谁也耽误不起。可万一真的有问题,怎么办?

"不行,一定要抓住这个'偶然'不放,查它个水落石出。"黄纬禄坚持着。同事们都知道,平时温和的黄总一旦较真起来,也是相当严厉的。

此后的几个小时里,他和大家一起继续测试,细细观察,果然发现继电器上有一片微小的铁屑。当小铁屑竖起来时,继电器就不能吸合;当小铁屑倒下时,继电器就能吸合。

问题终于找到了,所有人都倒吸了一口冷气。黄纬禄指着小铁屑对大家说:"可不能小看这个小东西,如果在导弹飞行过程中它突然竖起来,就会使整个试验失败。"

对黄纬禄严谨的工作作风和科学的研究方法,与他一起工作过的人都深有感受。在一次导弹评审会上,有人汇报"已总装完毕的导弹中有一个部件偶尔发出异常声音"。这个在别人看来很"小"的问题,却让黄纬禄难以安心。他仔细询问了异常声音事

⬆ 黄纬禄（右）深入实际，严抓质量
➡ 黄纬禄（左二）对每一个细小环节都问清楚才放心

　　黄纬禄认为，航天工作者必须时刻保持严谨的工作态度，善于抓住那些在常人看来甚为普通的"不起眼"的小问题。抓住了它们，往往就抓住了问题的关键，掌握了开启成功之门的钥匙。

件的来龙去脉，责成研制单位会后对未装弹的合格品进行测试，与已装弹的部件进行比较，并对异常声音做出解释。

　　研制单位连夜对已经检验合格的几台部件进行试验，撰写报告，并将重要项目和数据向黄纬禄做了详细的汇报。他们从音调的高低、音质的好坏与部件质量的关系上进行分析，确认了已装弹的4台部件没有质量问题。看完长长的报告后，黄纬禄这才放心，随即通知他们，导弹可以按时出厂。

⬆ 黄纬禄在导弹试验基地

作为一名技术指挥员，黄纬禄深知自己肩负的责任。从产品的设计、生产到飞行试验，每一步、每一次他都一丝不苟，严格把关。在某导弹的飞行试验中，进入发射前"5分钟准备"的关键时刻，突然出现了意外情况——一个电压表的指针在不正常地摆动！这一下，现场指挥所的同志们都有点儿慌神。广播里传出急切的呼叫："请黄总马上到指挥所！马上到指挥所！"当时正在山上观察的黄纬禄听到呼叫后急速飞奔下山，穿过隧道来到指挥所。此时，离发射时间只剩2分钟了！黄纬禄上气不接下气地听了简短汇报后，通过话筒向一位负责平台测试的同志询问：

"平台怎么样？"

"平台没有问题！"

黄纬禄略思片刻，果断地说："按时发射！"

指挥所里的每一个人都为黄纬禄的这一决定捏了一把汗。顷刻间，随着一声巨响，导弹腾空而起，飞行正常，试验取得圆满成功。

事后，有人问黄纬禄："那次发射，你为什么敢那样果断决定？"黄纬禄谦逊地笑着说："你是不是觉得我的决定有点儿冒险？其实，我并不是毫无把握的。平时，我比较注意深入实际、了解情况，对导弹各部分的质量、性能和工作状态是心里有数的。当我得知平台本身没有问题时，我即断定：电压表指针摆动一定是外部原因造成的。我们这种导弹是十分灵敏的，外部一点儿轻微的振动，它都会有反应，而这些外部干扰在导弹起飞后是不会发生作用的。因此，我才敢做出决断。"

胆大心细，是黄纬禄作为技术指挥员的生动注脚。每逢紧要关头，他经过缜密分析，总能当机立断。为了提高解决技术问题的效率，黄纬禄还自创"故障树"法——即遇到技术问题，从"根"到"梢"逐步判断，甄别一个，解放一片。这种方式大大提高了导弹的研制进度，大家都说，黄总是"故障一查一个准"的能人。

"假如有来生,我还要搞导弹。我把一生都交给了航天事业,我无怨无悔。"

19 幽默人生

在"大漠孤烟直,长河落日圆"的巴丹吉林沙漠,建有中国的东风导弹试验基地。"东风快递,使命必达",尽显我国战略力量的"王牌"都要在这里接受试验。基地先后完成了中国的第一枚地地导弹发射、第一次导弹核武器试验、第一颗人造地球卫星发射、第一颗返回式卫星发射、第一枚远程导弹发射、第一次"一箭三星"发射、第一次为国外卫星提供发射搭载服务、第一艘载人飞船发射等重要任务。

黄纬禄是这里的常客。随着导弹研制任务不断地增加,黄纬禄身上的担子也越来越重,他需要同时兼顾好几个导弹型号控制系统的研制和试验工作。导弹从研制试验到最后定型、交付使用单位,要经过许多次发射试验,黄纬禄经常奔走于试验室、生产车间、发射基地之间,发现问题就要修改方案,有时他在试验基地一住就是好几个月。

试验基地人烟稀少、交通不便,自然条件十分恶劣:冬季寒冷,

> **链接　东风导弹试验基地**
>
> 东风导弹试验基地始建于1958年，位于内蒙古自治区阿拉善盟额济纳旗境内的巴丹吉林沙漠深处，是中国创建最早、规模最大的综合型导弹试验和卫星发射基地。20世纪60年代初，基地与北京军委三总部之间的有线长途电话的秘密通信代号为"东风"，所以基地便沿用了"东风"的名称。到20世纪80年代中期，基地开始对外开放，需要有一个对外的正式名称，既能体现基地大概的地理位置，又能有一定的知名度。考虑到基地地处大漠戈壁，而距其西南200千米的酒泉市与基地距离最近，且在历史上是有名的城市，因此基地更名为酒泉卫星发射中心。

最低气温可达零下34摄氏度；夏季酷暑，最高气温可达43摄氏度。人们形容这里"天上无飞鸟、地上不长草、昼夜温差大、风吹石头跑"。

当年，从北京乘专列到基地要经过5天5夜的颠簸，接近沙漠地带时还会遇到沙尘暴突袭。车子经常走走停停，大家也不能下车，只好在"罐头"一样的车厢里坐等。长途跋涉的辛劳使这种等待显得格外漫长，为了帮助大家排解疲劳和烦闷，黄纬禄把平日里收集来的笑话编排了一番，像说书人一样给大家串讲了起来。

⬆ **黄纬禄在专列上**

专列是专用列车的简称。运送导弹的列车就是一种有武装押运的专用列车。早期进行导弹试验时,运送导弹的火车上还挂几节客车车厢,可供参加试验的人员乘坐。这种专列由于没有排入正式列车运行时刻表,所以经常要给正点运行的列车让路,时常走走停停。受保密限制,乘坐专列的人不能随便下车。

"一个患有重病、身体非常虚弱的人打算乘火车回家,但是他买的不是直接到家的车次,每次等火车到了站,他都要气喘吁吁地跑下车,买下一站的车票。同车的旅客不解地问:'你病得这么厉害,应该买直接到家的票,为什么要一站一站地买票?'这人很正经地回答道:'正是因为身体虚弱,我才这样办的,如果我买了全票,一旦我在哪一站倒下了,后面的票不就白买了吗!'"

"哈……哈……哈……",车厢里的气氛一下子活跃起来。

⬆ 打太极拳也是很好的休息方式　　⬆ 黄纬禄闲暇时候找乐和

起初只是同车厢的人围在黄纬禄身旁听笑话,后来隔壁车厢的人也闻声过来"串门"。久而久之,黄纬禄的笑话就像可以缓解旅途劳顿的香茗,大家习惯以此来"抗击"漫漫长路上的疲劳。黄纬禄也更加注意收集有趣的素材,只要看到或听到有趣的笑话就记在脑子里,然后工工整整地抄写在本子上,讲述时,自己再临场发挥,添加一些笑料,让每杯"香茗"都令人回味无穷。

基地的生活十分艰苦,单调的工作和生活,封闭的环境,使很多年轻人因想家而变得沉默和焦躁,工作效率也随着气氛的沉闷而有所降低。

黄纬禄想,自己没有能力改变工作条件和大环境,但可以改变一下工作气氛啊!于是他就想出用变魔术、讲笑话的方法给大

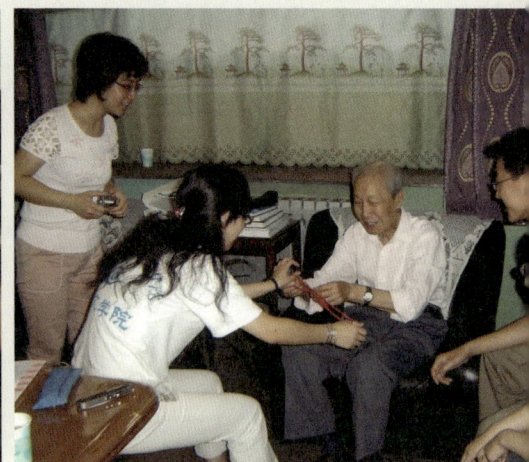

⬆ 92岁的黄纬禄（前排右二）在给大家讲笑话

↗ 2008年，黄纬禄（左三）给《雷震海天》一书的作者们表演魔术

　　每每见到黄纬禄变魔术，大家都惊喜万分，连连鼓掌，常有围观的人高喊："神了，神了！黄总，再来一次！"

家调节气氛，效果出奇得好，一下子把大家的兴趣都调动起来了，一些同事变得喜欢交流，工作之余有了笑声。很多在基地工作的同志们说："黄老走到哪儿，哪儿的人就会多，不仅因为他技术能力强，是大家的主心骨，还有一个重要的原因，就是黄老的'魔术'吸引人。"

　　黄纬禄最拿手的魔术之一是翻硬币：拿出一枚硬币，用大拇指和食指捏住硬币的边缘，使有国徽的一面向上，然后很快地翻

> 黄纬禄（二排右四）是试验队里人缘最好的领导

转一下，那一面也是国徽，接着再翻。无论怎么翻，朝上的一面都是国徽，看上去好像硬币的两面都是国徽一样。

　　荒漠中难觅动物的踪迹，然而有一样东西却靠着顽强的生命力与人们相生相伴，那就是苍蝇。试验基地的食堂卫生条件很差，一到炒菜的时候，苍蝇就飞到锅的上空盘旋飞舞。炊事员只好一边炒菜，一边"防空"。每到开饭时，大群苍蝇就在饭菜边不知疲倦地上下飞舞，挥之不去，真是无可奈何。大伙一边端着饭碗吃饭，一边用筷子驱赶前来骚扰的大小"战斗机"。

　　有一次，食堂做的主菜是红烧排骨，苍蝇闻到香味更是扎堆"轰炸"，让大家烦躁不已。此时，坐在黄纬禄身旁吃饭的同志，却发现只有他不轰苍蝇，吃得很自在，便问道："黄总，您为什么不轰苍蝇啊？"黄纬禄笑了笑，说："我先把一块啃完肉的骨头放在旁边，顺便将苍蝇沿着放骨头的方向导引一下，让它们去啃骨头，一般情况下它们就不愿冒险跟我争肉吃了。这样，我不断吃我的新排骨，它们不断吃它们的新骨头，它们吃它们的，我吃我的，各有所得，岂不悠哉。"此时，看到那群中计的苍蝇乖乖地待在一旁啃着几块骨头，大伙才恍然大悟——黄总是把导弹制导的理论幽默地应用到轰苍蝇的小事上了，真正做到了"大能制导导弹，小能制导苍蝇"。

有时发射基地举办联欢会，最后压轴出场的总是黄纬禄。其中最经典的一幕是，他慢悠悠地从座位上站起来，拿起一把扇子边说边演："从前有两个人比谁更节约，其中一个人拿着一把扇子，以很慢的速度边扇边说：'这样扇，空气的阻力很小，扇子不会坏，这把扇子是我爸爸留给我的，我还要传给我的儿子呢。'"黄纬禄把身子侧向另外一边，接着说："另一个人也有一把扇子，但是他一直拿着不动，有人就问他：'你光拿着不扇，这怎么能算用扇子呢？'他不以为然地说：'谁说我不用它啦，我把扇子固定在一个架子上，天热时我就在扇子前面左右摇摆着脑袋，这是利用相对运动的原理扇风。'"

话音刚落，大家已经笑得前仰后合。

20 其身正,不令而行

走进黄纬禄的家,每个人都会为这个简朴得如一张褪色老照片的家感到震撼。改革开放后,上级曾3次提议让他搬新家,他都拒绝了,在老房子里一住就是半个世纪。

黄纬禄虽是一位长期担任重要领导职务的老专家,但却时时处处以党员的身份严格要求自己,做到身正为范。黄纬禄认为:"其身正,不令而行;其身不正,虽令不从",领导者"身正"就像是一种无声的命令,对下属、对群众能产生很强的征服力。凡是要求下属做到的,自己首先要做好;凡是要求下属不做的,自己也绝不能做。

黄纬禄在担任研究所所长和研究院副院长期间,到试验基地出差时同大家一起坐硬座,吃饭时和大家一起啃馒头、就咸菜;在基地,他和大家一样排队买饭,一样打扫卫生。人们还记得黄纬禄的"出差三只要"——只要能走出去就行,只要有饭吃就行,只要有地方睡觉就行。至于什么条件,他从不考虑。有一次,他

⬅ 一点没有总设计师派头的黄纬禄（前排左二）

去陕西出差，这个单位地处偏远的山沟，为照顾老专家，接待单位为他在西安市的一家宾馆安排了食宿，他说什么也不去，宁肯住在该单位的一间办公室里。为此，对方深感过意不去，他却说："就这样，挺好，挺好！"

有一年，黄纬禄和同事去杭州的一家工厂考察工作。该厂的领导非常高兴，将他们安排在杭州西湖边景点附近的一家高档宾馆，由于天色已晚，黄纬禄只好先听从厂里的安排住下。可第二天一早，黄纬禄就把房间退掉，带着行李来到工厂，住进工厂的小招待所里，厂长极力劝说也无济于事。忙完工作后，由于回京车票不好买，他们要在杭州滞留几天，黄纬禄就自掏腰包带大家游西湖，到了中午黄纬禄自费请大家吃饭，虽然没有山珍海味，吃得简简单单，但大家跟着风趣幽默的黄总一起欣赏西湖的美景，感到非常开心。

20世纪80年代中期，黄纬禄已年过七旬，工作依然十分繁忙。

组织上考虑到他的身体，为了便于其工作，为他配备了一部公车。然而黄纬禄却用科学家的严谨和固执始终遵循着一条铁律：非公外出，不用公车；特殊情况下私人用车，一概交费。有人说黄纬禄不应这样苛求自己，但他解释道："自己与大家仅工作分工不同，不应该有什么特殊待遇。过去我一直坚持能自己骑自行车，就不坐车；能同大家一起坐大车，就不坐小车。这几年，我年纪大了一些，领导和同志们千方百计照顾我，但我不能放松对自己的要求。"

⬆ 黄纬禄（中）在研制"撒手锏"现场指导工作

黄纬禄不仅对自己严格要求，对家属也同样严格要求。他在使用公车问题上就给家人规定了"三不用车"——私人外出不用车，接送亲友不用车，家人有事不搭车。一次，黄纬禄的哥哥从外地来看他，临走时秘书提议派车送一下，他严词拒绝。结果年过花甲的黄纬禄帮哥哥提着大包、小包的行李，和老哥哥一同乘地铁去了北京站。还有一次，老伴刘汉菊病愈出院，黄纬禄当时不在，

◀ 黄纬禄（左）坚持深入现场才有发言权

秘书就派车把她接了回来。黄纬禄得知后，埋怨秘书不该用单位的车，并让秘书马上去车队补交了车费。有时到了周末或节假日，年迈的黄纬禄想去公园散散步，都是由女儿打出租车陪他去。家属到北京医院去给黄纬禄拿药，也是坐公交车或地铁往返。

黄纬禄虽然对自己要求很严格，但对于身边的工作人员，不论是技术骨干、秘书，还是司机，都非常关心和体贴。有一次在试验基地，导弹已经竖立在发射架上，在发射前的测试中却发现仪器有故障，必须更换。当天的天气十分寒冷，气温低至零下20摄氏度。仪器舱内已经装上了安全自毁系统等火工品，稍有不慎就会发生爆炸，周围几百米都将成为一片火海，情况十分危急。试验队找来了抢险经验丰富的陆茂清师傅。陆师傅到了现场便脱下大衣，只穿着一件毛衣就爬上了发射架顶端。为了安全起见，发射架周围不允许留人，但当陆师傅打算动手干活儿时，不经意向下看了看，他发现一个熟悉的身影正一动不动地站立在寒风中。

陆师傅着急地喊道:"黄总,这儿危险,您快走吧。"

黄纬禄仰着头,站在寒风中,目不转睛地看着陆师傅,说:"我相信你能完成这个工作,我在这里陪着你。"

加注在导弹体内的有毒燃料冒着黄烟直往鼻孔里钻,呛得陆师傅和黄纬禄不停地咳嗽。但是无论陆师傅怎么劝黄纬禄离开,黄纬禄只有一句话:"不,我陪着你。"就这样,陆师傅在高空干了2个多小时,黄纬禄就站在底下陪了他2个多小时,直到仪器顺利地完成了更换。

有一次,总设计师办公室有一位同志的孩子生病住院,黄纬禄亲自前去探视;他的一位秘书生病,72岁高龄的黄纬禄不顾自己年高体弱登门探望,恰逢电梯检修停运,他亲自爬上16层高楼;他出差回来,不是先回家,而是先到办公室看望大家;逢年过节,必抽时间到周围同志家串串门。过去的一位老同事在20世纪50年代因犯错误被处分过重,黄纬禄则几次三番找领导、找组织,给他争取一个改过自新的机会。

严于律己、宽以待人的态度,是人际交往中的"润滑剂",黄纬禄平时从不说什么"高大上"的豪言壮语,但是他的所作所为使他赢得了众人一句简朴的夸赞——好人!

⬆ 待人宽厚、和蔼慈祥的黄纬禄

21 两情相知

1940年的夏天，黄纬禄和他的同学刘宗汉一同出现在国立中央大学电机系应届学生的毕业照中，两个年轻人即将分开，各自走向不同的工作岗位。

一天，刘宗汉叫住了尚且单身的黄纬禄，决定把自己的妹妹刘汉菊介绍给他。刘汉菊当时在复旦大学，住在和电机系驻地——沙坪坝遥遥相望的北碚。

抗战时期，沙坪坝和北碚两个地方都是大专院校的聚集区，但当时的交通远没有今天便利，况且黄纬禄忙于出国诸事，所以并没有马上和刘汉菊见面。直到1943年，黄纬禄出国的事情已经办妥，才去北碚和刘汉菊见上了一面。

这位复旦大学金融系的女生没有太多修饰，彬彬有礼又美丽端庄，姣好的面容和温柔的性格，一下子吸引了黄纬禄。他们并肩走在林荫道上，彼此都感到很投缘。黄纬禄离开的那天，刘汉菊到重庆飞机场送行。临别时，黄纬禄真诚地说了5个字："你

⬆ 黄纬禄和刘汉菊的结婚照

等我回来。"刘汉菊也回了5个字:"我等你回来。"

离开重庆辗转到了伦敦实习后,黄纬禄开始和刘汉菊通信。他们聊着自己的学习、生活和每天碰到的有趣故事及工作中的烦恼。经过几年时间的培育,两人的感情通过一张张跨越大洋的信件逐渐发酵。1948年10月,黄纬禄回国工作正好一年,在上海的小弄堂里,他在亲人和朋友的祝福声中,挽着身披洁白婚纱的新娘刘汉菊,步入了婚姻的殿堂。

1952年9月的一天,黄纬禄因工作调动和妻子刘汉菊偕家人登上火车,举家从上海移居北京。

北京的生活充满新鲜感,但也带来种种不便,第一个问题就是工作。刘汉菊从复旦大学金融系毕业后，留在学校当了老师，从事她钟爱的教育工作。而在北京郊区安顿下来后，刘汉菊发现，如果找一份和以前类似的工作，每天会有很多时间花费在路上，况且在北京的大学里谋职并不是一件容易的事。经过多少个不眠之夜，刘汉菊终于艰难地做出决定，放弃教育事业，进入黄纬禄所在的电信技术研究所，改行做器材管理方面的事务性工作，全力照顾好家庭和孩子。由于专业不对口，她的工资下调到原来的1/3。在那个时代，女性高中毕业已经算是高学历，能以优异的成绩大学毕业并留校任教是多么不易！对此，黄纬禄有些愧疚："她做出了很大的牺牲，同时对我、对孩子照顾得很周到、细致。我后来在工作上能取得一些成绩，和我老伴的帮助与支持是分不开的。"

1959年冬天，自然灾害导致的粮食和物品短缺问题凸显出来。以前花钱就能买到的东西开始凭票供应，如果没有粮票、油票、肉票、鸡蛋票、糖票等，就算攥着大把的钱也买不到吃的。

黄纬禄一家的开销也一下紧张起来。除了自己家的3个孩子和老表姐，他们还要帮助黄纬禄三哥一家。三哥去世较早，留下三嫂和3个年幼的孩子，生活很困难。黄纬禄当时每月要拿出1/3的工资来接济他们。这时，自家的3个孩子也正在长身体的时候，但刘汉菊没有犹豫，每个月发工资后仍然亲自把钱给嫂子一家寄去。

可食品供应这么紧张，怎么办？为了搞好一家六口人的生活，刘汉菊着手管理家里的开支。她精打细算着每天的开销，从不乱花钱，大人孩子的内衣，都是补了又补，实在不能穿才添置新的。她多年前学习的金融学知识也派上了用场，两个人不多的工资被

▶ 黄纬禄一家和老表姐合影

她分配得十分妥当，家里的大小事务也被她安排得井井有条。

这段时间，刘汉菊身边还有个忙碌的身影，这便是黄纬禄的老表姐，她帮着刘汉菊一道打理家务。老表姐年长黄纬禄21岁，早年家境很苦，一场瘟疫夺走了她的丈夫和3个孩子，她一个人孤苦伶仃，无依无靠，黄纬禄父母收留了她，老表姐就和黄纬禄父母生活在一起，帮家里做些家务。在黄纬禄小的时候，老表姐照顾过他的生活。黄纬禄结婚后，就把老表姐接到家中帮他们照顾孩子。迁到北京时，无依无靠的她随黄纬禄一家一起来到北京，以后再也没有离开黄家。老表姐在90多岁时曾不小心摔了一跤，把一侧的股骨头摔裂了。医生看她年事已高，认为不能再手术，建议她在家静养。这时的刘汉菊已年近七旬，她不顾自己体弱多病，依然一如既往地悉心照料着老表姐，吃饭、解大小便，都亲自上手帮忙，直到老人95岁去世。

黄纬禄的脾气好，妻子刘汉菊的脾气也温和。黄纬禄说："其实，我跟她从来没有真正吵过架。她脾气好，顶多不理睬我。"可有时两个好脾气的人也会发生一些小争执，争执的原因多是为了家务。有一次，黄纬禄下班回来拿起笤帚开始扫地，刘汉菊担心他累着，就让他放下。黄纬禄心疼刚刚下班回来就忙着做饭的妻子，就没有接话，继续扫着。刘汉菊不高兴了："怎么这么不听话！"她气得不理丈夫了，黄纬禄也不搭腔。但没过一会儿，两人又说说笑笑起来。

在刘汉菊眼里，丈夫的工作已经足够让他奔波劳顿、费神耗力了，所以她几乎承担起了全部家务，照顾孩子仔细周到，关心丈夫体贴入微，使丈夫可以全身心地投入他的工作。有了这样的贤内助，黄纬禄在工作中就没有了后顾之忧。

1998年9月，一辆手术车被护士们推出电梯，手术车上躺着刚动完肺部手术的刘汉菊。她还没有从麻醉中醒过来，人很瘦，颧骨高高地突出来。黄纬禄和家人跟着手术车回到病房，他看着虚弱的刘汉菊，一遍遍在心里默念着："老伴，你一定要挺过来，我们还要在一起散步，我还有很多笑话要跟你讲，你一定要挺过来……"

3个月前，刘汉菊在一次例行体检中发现患有肺癌。医院建议马上住院，准备手术。黄纬禄把大致的情况和她讲了之后，刘汉菊勇敢地接受了手术治疗。手术持续了好几个小时，家人守在等待区心急如焚……

这次手术很顺利，回家一年后，在家人的积极鼓励和精心照

⬆ 黄纬禄夫妇，相濡以沫 50 年

料下，刘汉菊逐渐和正常人一样生活。直到一天，刘汉菊说腿稍微有点儿疼。开始时，谁都没有太在意，持续几天后，黄纬禄忽然意识到：是不是癌细胞转移了？手术后，医生曾告诉他，切片检查的结果不是很好，癌细胞可能很快就会转移。

　　检查结果证实了黄纬禄的想法，他看着身体刚刚恢复了一些的老伴，实在不忍心让她知道实情，就骗她说这是腰椎间盘突出压迫神经造成的。全家人开始想办法控制她的病情。孩子从美国带来了步行器、足底按摩器，使她尽可能少卧床。后来，刘汉菊的病情越来越重，腿疼得不能行走，最后还是卧床了。随着她的疼痛加剧，最后只能靠打吗啡来止疼。

　　2000年3月2日，刘汉菊带着疼痛和遗憾永远地闭上了眼睛。

此时，回忆、怀念、悲痛，如洪水般冲荡着黄纬禄和孩子们的心。虽然极力克制情绪，黄纬禄却怎么也忍不住夺眶而出的泪水，他说："她是1920年出生的，去世的时候是80岁。她相伴我50多年，突然走了，我非常地伤心。"

据黄纬禄的大女儿黄道群回忆："在我母亲去世的前一天晚上，母亲的脚疼得很难受，我父亲搬了个凳子坐在母亲床前，用双手为母亲搓脚，他默默地搓了好几个小时……"说到这里，黄道群的眼里满含泪水。

22 假如有来生，我还搞导弹

1989年9月，一种新型导弹计划在大漠基地进行发射试验。可进入基地后，技术问题出现了，而且一个接一个，现场搞技术的同志急得说不出话来。为了不让导弹发射时间推迟，试验队领导要求：必须在45天内解决所有的问题。

当时，73岁的黄纬禄已经退居二线，但是这次他必须亲自出马。黄纬禄接到任务，问清情况之后，做了周密的计划。他把可能遇到的问题和细节都想到了，并将解决问题的时间分成几大块，他认为用45天排除技术问题应该来得及。几天后，黄纬禄从北京出发了。

8月的戈壁，地表温度超过50摄氏度，烈日下，室外的物品烫得无法直接用手触摸。黄纬禄和技术人员冒着酷暑在现场勘查数据，一天跑下来，嘴唇干裂出血，肩膀、脖子晒得脱皮，耳朵、鼻孔里都是细沙。经过200多个小时的努力，最初的技术症结终于被发现。尽管不久之后，新的问题又出现了。但第一个难题的突破，代表他们距离成功又近了一些。

"黄总，回去歇歇吧！"身边的工作人员小声劝着，他摇摇手，没有说话。了解他脾气的人都知道，黄总宁肯委屈自己，也不会离开现场。

到了9月，戈壁滩仍旧热浪滚滚。黄纬禄喉咙发干，鼻子里面全是血块，身体也出现了不适。可这时，试验进入最后的关键阶段，还有几个技术问题亟待解决！

为解决最后几个问题，黄纬禄坚持天天亲自去现场，判读数据。在似火的骄阳下，他头顶上细密的小汗珠很快就汇聚成大滴汗水，顺着脸颊流淌下来，与沾在脸上的细沙混在一起，使人备感难受。就这样，整整45个日日夜夜，他在大戈壁滩的试验场和同志们一起解决了一个又一个难题，使这种新型导弹试验取得了成功。研究

黄纬禄（右二）在新型导弹试验现场　　黄纬禄（左）和同事认真分析问题

⬆ 黄纬禄（前）和中国航天员合影

所所长激动地握着黄纬禄的手，说："黄总，多亏有您老坐镇啊！"

2003年10月15日，这是一个特殊的日子。早上8点刚过，黄纬禄就端坐在电视机前，"神舟五号"飞船发射正在进行现场直播。

电视画面上出现了"长征二号"F型运载火箭，它巍然挺立在发射架前，箭体上的五星红旗和"中国航天"4个大字格外醒目。黄纬禄的眼睛一直盯着电视画面，当航天员杨利伟登上飞船的那一刻，黄纬禄前一秒还放松的表情开始紧张起来，身边的人都不再说话了。他们一起仔细地观看着画面，生怕漏过一个细节。

20秒点火倒计时开始，指挥员在现场数着："10、9、8、7……"随着倒计时结束，"长征二号"F型运载火箭喷出闪亮的火光。在

◀ 黄纬禄（左三）和同事们在逃逸塔前留影

　　震天的轰鸣中，火箭腾空而起，飞向天空，消失在云端。电视镜头里，兴奋的人群中顿时响起了热烈的掌声。

　　而电视机前黄纬禄脸上的表情仍然没有放松。对经验丰富的老专家来说，火箭上天只是个开始，飞船要进入预定轨道才算发射成功。早上 9 时 42 分，电视上传来载人航天工程总指挥激动的声音："飞船已进入预定轨道，发射取得成功！"此时，笑容慢慢出现在黄纬禄因兴奋和紧张而紧绷了一个多小时的脸上。

⬆ 研制第一代核潜艇的4位老总（左起：赵仁恺、彭士禄、黄纬禄、黄旭华）

➡ 黄纬禄（右三）在"远望号"航天测量船上

　　看完电视，黄纬禄坐在沙发上，眼前闪过了自己曾经历过的一幕幕往事。1956年，聂荣臻元帅对国防部五院的人讲，要以自力更生为主。如今，这句话成了现实，中国人终于凭着自己的实力成功放飞了自己的载人飞船！

　　这一年，黄纬禄已经86岁了。虽然他已很少去一线，但仍受聘担任中国航天科工集团公司和中国航天科技集团公司的高级技术顾问及中国人民解放军总装备部科学技术委员会顾问等职务。从20世纪90年代初开始，他就经常应邀参加重大课题的技术评审、鉴定和一些重要试验的把关指导。尽管黄纬禄身在家中，他也始

▲ "两弹一星"功臣黄纬禄（左三）和其他获奖者在颁奖会后合影

↗ 黄纬禄获得的"两弹一星"功勋奖章

终关心着导弹的研制和航天事业的发展，关注着中国航天领域的每一件大事，特别是载人航天工程的发展。

我国发射载人飞船的"长征二号"F型运载火箭是专门为我国载人航天工程研制的新型火箭，为了确保航天员的安全，研制单位在火箭顶端安置了逃逸系统，万一火箭发射出现故障，可使航天员应急逃离险境。戈壁滩的试验基地专门组织了零高度逃逸系统飞行试验，黄纬禄作为老专家应邀参加了试验。

慕名邀请黄纬禄做顾问的单位有很多。海军为平时训练部队组织研制了一套模拟导弹在潜艇上真实发射状态的试验设备。平时利用这套设备训练部队，使之始终具有熟练的实战操作能力，战时即可应急投入战斗。为确保这套设备在操作上安全有效，海军在某试验基地召开会议，又特地邀请了我国第一代潜地导弹的总设计师黄纬禄。

⬆ 晚年，黄纬禄还惦记着中国航天未来的发展

还有一次，我国某远程导弹的射程满足不了需要，为此研制单位进行了增程设计。改进后的导弹被运往试验基地进行试验，为确保万无一失，研制单位专门邀请黄纬禄和一些老专家对整个试验过程进行审查。先后两次，黄纬禄远赴试验基地，为增程飞行试验把关。

黄纬禄每次从基地回来，都非常重视总结试验过程。对于试验中任何一个质量与可靠性不明确的问题，他总要查个水落石出，使问题得以彻底解决。深知处理、解决这些问题的经验教训异常宝贵的他，根据了解和掌握的第一手资料，倡导并审编了水下发射导弹和陆基固体导弹的《故障汇编》。这本书成为航天研制工

🔼 新一代潜地导弹发射试验

作中重要的参阅资料之一。

晚年，黄纬禄体弱多病，再不能起身到庭院散步了。他喜欢坐在轮椅上沐浴阳光，注视窗外的天空。他想到了挚爱的导弹在托举民族的尊严，在守护祖国神圣的土地；想到他参与放飞的长征火箭，正载着华夏儿女千年的梦想，飞向月球，飞向火星，他的心中充满欣慰。每当各级领导来看望，他关注的总

是导弹、火箭的发展;一说到对未来的憧憬,他便神采飞扬地沉浸在自己的梦想中……

2011年7月,黄纬禄已经95岁高龄了,眼睛花得看不清东西。自知时日不多的他,坚持在女儿的搀扶下走到书桌前,写下了虽然看似歪斜却承载着老人沉甸甸期许的16字寄语:"传承两弹一星精神,勇挑民族复兴重担。"在他生命垂危之际,他反复挂在嘴边的一句话是:"假如还有来生,我还要搞导弹。我把一生都交给了航天事业,我无怨无悔。"

2011年11月23日,茫茫戈壁再无他意气风发、一往无前的身影;研究院里再不闻他慢声细语、幽默风趣的话语;带着对导弹的万千眷恋,95岁劳累终生的黄纬禄终于休息了。他用毕生的心血和智慧,谱写了蛟龙出水、巨浪冲天的丰功伟绩;他用自己单薄的血肉之躯铸就了中华"神剑";他的生命永远和祖国强大的国防联系在一起,他的功绩永远在祖国的史册上被铭记。在他的身后,年轻的航天人正在发扬他的精神,用一个个坚实的足印,用一棒接一棒的奋力奔跑,把他的梦想化作现实。

 链接索引

| 杠杆原理 | 共振 | 波峰和波谷 | 液体导弹和固体导弹 | 潜地导弹 | 南京长江大桥为什么会成为潜地导弹试验场？ | 陆基机动导弹 | 东风导弹试验基地 |

010　052　054　060　061　072　091　113

音频科普索引

战争杀手为何成了英雄？　027

齐步走为什么把一座桥走塌了？　052

潜地导弹厉害在哪里？　076

月宫找水有什么新发现？　106

着陆火星有多难？　139